RÉALISER SON PLAN DE FORMATION EN 48 HEURES

Éditions d'Organisation
Groupe Eyrolles
61, bd Saint-Germain
75240 Paris Cedex 05

www.editions-organisation.com
www.editions-eyrolles.com

© Groupe Eyrolles, 2010
ISBN : 978-2-212-54521-0

Mathilde Bourdat & Anne Ambrosini

RÉALISER SON PLAN DE FORMATION EN 48 HEURES

Modèles et matrices à télécharger sur
www.editions-organisation.com

EYROLLES

Éditions d'Organisation

SOMMAIRE

INTRODUCTION

Qu'allez-vous trouver dans ce livre ?

Ce livre présente une méthode en six étapes pour élaborer votre plan de formation. Son objectif est de vous permettre de concevoir un plan qui corresponde bien aux besoins de votre entreprise et de ses salariés, et qui respecte les obligations légales en matière de formation.

L'étape n° 1, « Définir les orientations formation », donne pour point de départ à l'élaboration du plan l'analyse des besoins liés aux prévisions d'activité, aux projets d'investissement ou d'organisation de l'entreprise.

L'étape n° 2, « Explorer les besoins et projets », permet, tout en relayant les orientations, de se mettre à l'écoute du terrain et des individus.

Les étapes n° 3, « Effectuer un premier chiffrage », et n° 4, « Réaliser les arbitrages », donnent les méthodes à suivre pour respecter le budget fixé tout en gardant le cap des orientations.

L'étape n° 5, « Consulter le comité d'entreprise sur le plan de formation », donne les clés pour respecter les obligations légales tout en faisant de la consultation un véritable acte de communication sur un volet clé de la politique ressources humaines de l'entreprise.

Enfin, l'étape n° 6, « Préparer la mise en œuvre du plan de formation », permet de faire connaître le plan aux opérationnels et de faciliter sa réalisation.

Étapes de construction du plan de formation	
Étape 1 Définir les orientations générales de la formation (OGF) Consulter le CE sur les OGF	
Étape 2 Explorer les besoins et projets	
Étape 3 Faire un premier chiffrage	
Étape 4 Réaliser les arbitrages	
Étape 5 Consulter le CE sur le plan de formation *envoi des documents* 1re réunion CE : bilan *envoi des documents* 2e réunion CE : plan prévisionnel	
Étape 6 Préparer la mise en œuvre du plan de formation	

COMMENT UTILISER CE LIVRE ?

À chaque étape, vous trouverez une fiche d'étape, un exemple renseigné et un exemple vierge (la matrice).

La fiche étape : des explications structurées

- La rubrique « Pourquoi ? » donne le sens de l'étape, les finalités que l'on doit en attendre.

- La rubrique « Ressources nécessaires » indique quels sont les documents, informations, etc., que vous devez rassembler en amont de l'étape, pour gagner du temps et faire les bonnes analyses.

- Vous trouverez point par point à la rubrique « Démarche » toutes les indications pour bien conduire l'étape.

- La rubrique « Facteurs clés de succès » vous renseigne sur des points de méthode, mais aussi de posture et de positionnement à l'intérieur de votre organisation.

	N											N+1	
janv	févr	mars	avr	mai	juin	juil	août	sept	oct	nov	déc	janv	févr

10/09
01/10
10/12
31/12

- La rubrique « Vos outils » inventorie les documents que vous allez renseigner ou que vous allez utiliser comme support pendant l'étape. Ces outils seront illustrés dans les « exemples » et les « matrices » qui suivent.

- La rubrique « Livrable » contient les informations produites lors de l'étape.

Les « plus » de notre expérience

Nous avons cherché à enrichir ce livre de notre expérience concrète de gestion des ressources humaines et de conduite de la formation dans l'entreprise.

Page après page, les encadrés « Pour gagner du temps » et « Trucs et astuces » vous font partager nos pratiques.

Le respect du droit

La pratique quotidienne du responsable formation dans l'entreprise s'inscrit dans le contexte plus large du droit du travail. Au fil des pages, les informations nécessaires au respect de la législation sont données en particulier dans les encadrés « À savoir ».

Des exemples et des matrices pour vous aider à passer à l'action

Pour chaque outil ou livrable clé de l'étape, vous trouverez :

• un exemple, déroulé à partir du cas fictif de la société Tel-Conseil ;

• une matrice vierge, que vous pourrez renseigner à partir de votre propre contexte.

Ces matrices, au format Word ou Excel, sont téléchargeables sur Internet[1]. Elles constituent vos outils de travail pour mettre en œuvre les différentes étapes concernant la situation réelle de votre entreprise. Vous en trouverez la liste à la fin de cette introduction.

La matrice de plan de formation sous Excel vous permet, à partir de listes que vous personnaliserez, de chiffrer et de présenter votre plan en respectant les obligations légales. Il n'est pas nécessaire pour cela d'être un spécialiste d'Excel : l'intercalaire « Mode d'emploi » du fichier à télécharger vous donne toutes les indications nécessaires pour chaque étape.

---

1. Téléchargement à partir de : www.editions-organisation.com.

Des interviews de professionnels

Dans l'exercice de notre métier de consultantes, nous rencontrons de nombreux responsables formation. Nous partageons avec eux la fierté de contribuer au développement des compétences et nous mesurons les difficultés qu'ils rencontrent. Dans ce livre, vous trouverez des interviews d'acteurs de la formation : responsables formation en entreprise, conseillère formation dans un OPCA*[1], tous sont passionnés et vous font partager leurs méthodes de travail.

---

1. Les mots suivis d'un astérisque sont définis dans le glossaire en fin d'ouvrage.

LISTE DES MATRICES

Matrice de l'étape n° 1

La note d'orientation formation de l'année N+1 de ....

À télécharger : document Word.

Matrices de l'étape n° 2

Support de recueil des besoins collectifs de formation

Support de recueil des besoins individuels de formation

À télécharger : documents Word.

Matrice de l'étape n° 3

Tableau de chiffrage du plan de formation

À télécharger : document Excel « Plan de formation » (avec intercalaire « Mode d'emploi » permettant de générer des graphiques à partir du fichier Excel).

Matrice de l'étape n° 4

Tableau d'arbitrage du plan de formation

À télécharger : document Excel « Plan de formation » (avec intercalaire « Mode d'emploi » permettant de générer des graphiques à partir du fichier Excel).

Matrice de l'étape n° 5

Présentation du plan de formation au CE

À télécharger : document Word.

CARTE HEURISTIQUE : CONSTRUIRE LE PLAN EN 6 ÉTAPES

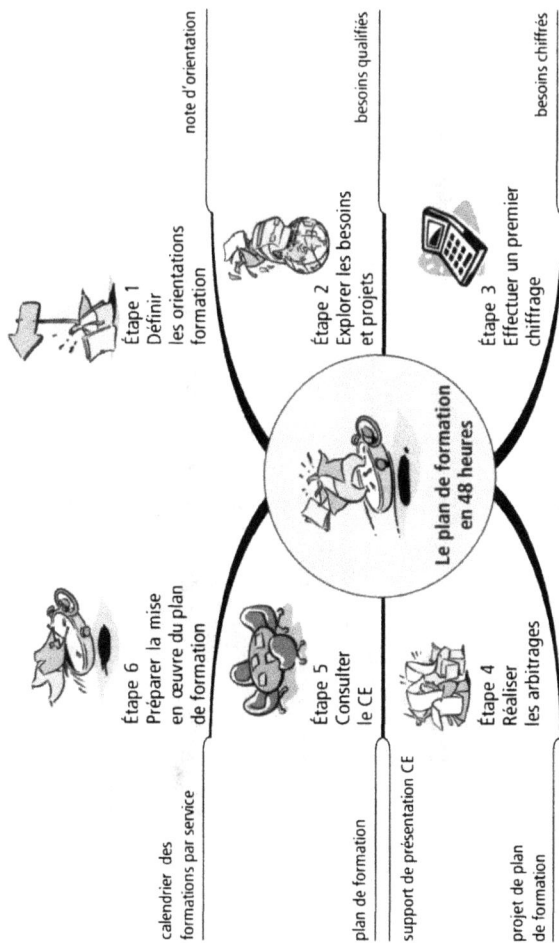

Le plan de formation en 48 heures

Étape 1
Définir les orientations formation
- note d'orientation

Étape 2
Explorer les besoins et projets
- besoins qualifiés

Étape 3
Effectuer un premier chiffrage
- besoins chiffrés

Étape 4
Réaliser les arbitrages
- projet de plan de formation

Étape 5
Consulter le CE
- plan de formation
- support de présentation CE

Étape 6
Préparer la mise en œuvre du plan de formation
- calendrier des formations par service

PLANNING ANNUEL D'ÉLABORATION DU PLAN DE FORMATION

Planning indicatif du responsable formation

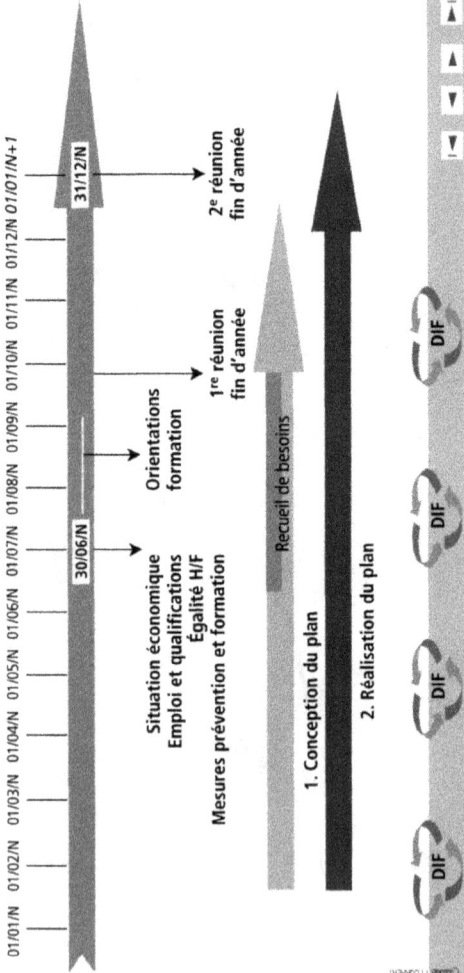

01/01/N 01/02/N 01/03/N 01/04/N 01/05/N 01/06/N 01/07/N 01/08/N 01/09/N 01/10/N 01/11/N 01/12/N 01/01/N+1

30/06/N

31/12/N

Orientations formation

Situation économique
Emploi et qualifications
Égalité H/F
Mesures prévention et formation

1re réunion fin d'année

2e réunion fin d'année

Recueil de besoins

1. Conception du plan

2. Réalisation du plan

DIF   DIF   DIF   DIF

Définir les orientations formation

Pourquoi ?

C'est l'étape qui permet de relier le plan de formation à la stratégie de l'entreprise. Elle permet de s'assurer que le plan de formation n'est pas une simple liste d'actions de formation, mais un outil au service du développement des compétences collectives et individuelles.

La définition des orientations formation est donc une étape cruciale. Le responsable formation examine avec la direction en quoi la formation peut contribuer à l'atteinte des objectifs de l'entreprise.

Ce sont les orientations formation qui vont donner le sens des inévitables arbitrages qui aboutiront au plan de formation. La façon dont la formation des salariés est perçue et prise en compte par la ligne managériale dépend de la manière dont les orientations sont élaborées (processus, acteurs impliqués).

Cette étape constitue un processus clé pour la fonction formation, qui lui permet d'affirmer pleinement son rôle de développeur des compétences.

Les ressources nécessaires

Les orientations formation sont élaborées en prenant en compte des données économiques, techniques, ainsi que des données relatives à l'emploi et aux compétences – actuelles et prévisionnelles.

```
┌──────────┐   ┌─────────────────────┐   ┌─────────────────────┐   ┌──────────┐
│ Direction │  │ Objectifs stratégiques : │ │ Enjeux RH :        │   │ Ressources │
│ générale  │  │ Parts de marché      │   │ Mobilités          │   │ humaines   │
└──────────┘   │ Augmentation chiffre │   │ Recrutements       │   └──────────┘
               │ d'affaires           │   │ Emplois            │
               │ Nouveaux produits    │   │ sensibles*...      │
               │ Nouveaux outils      │   └─────────────────────┘
               │ Projets              │
               │ Changements          │
               │ d'organisation...    │
               └─────────────────────┘
                         ┌───────────────┐
                         │ Orientations  │
                         │ formation     │
                         └───────────────┘
```

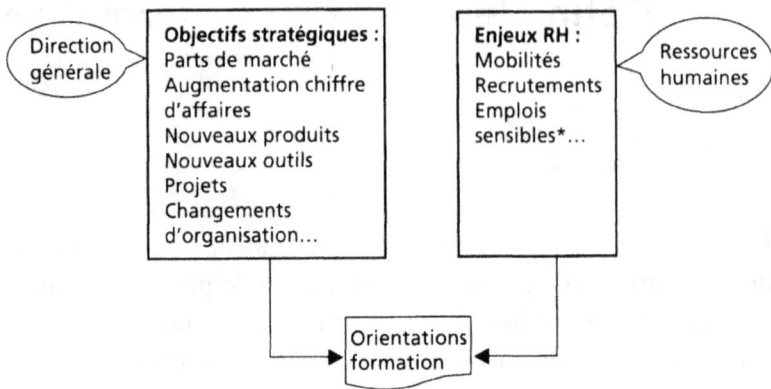

Ainsi, les orientations formation sont forcément préparées à partir de documents – internes et externes à l'entreprise – mais aussi de rencontres, de dialogues avec les principaux responsables.

Vous devez tout d'abord rassembler les différentes informations relatives à l'environnement de votre entreprise : son marché, la concurrence, les évolutions technologiques, la réglementation…

Si vous appartenez à une branche professionnelle qui dispose d'un observatoire des métiers* dynamique, celui-ci peut constituer une source précieuse d'informations sur les évolutions prévisibles des métiers et de l'emploi du secteur. Lisez aussi la presse, effectuez une veille sur l'environnement dans lequel votre entreprise évolue.

Votre réseau interne dans l'entreprise, ainsi que la lecture des documents qu'il produit, sera une mine de ressources sur ses projets : développement, investissements… Ainsi, les données issues du service ressources humaines et les comptes rendus des réunions du comité d'entreprise sur les constats et les prévisions en matière d'activité et d'emploi vous fourniront les informations nécessaires : bilan social, rapport sur l'égalité hommes-femmes, accords d'entreprise…

La démarche

Qui rédige les orientations formation ?

Les orientations formation* sont le fruit de l'analyse des enjeux auxquels l'entreprise est confrontée. Elles sont donc élaborées en concertation avec les dirigeants de l'entreprise. Le responsable formation peut « tenir la plume », mais il est important que le message soit celui de la direction générale.

Cette première étape représente une opportunité d'échange à propos de l'impact des enjeux stratégiques et RH sur les besoins en compétences et leur traduction en termes de formation.

À qui sont-elles destinées ?

Les orientations formation font l'objet d'une consultation du comité d'entreprise ou, à défaut, des délégués du personnel (cf. étape n° 5). Après consultation, elles seront communiquées à l'ensemble des salariés, directement ou par l'intermédiaire des managers. C'est une occasion de les impliquer et ainsi de renforcer le rôle de la ligne managériale dans la formation.

C'est à partir des orientations que les managers devront explorer les besoins collectifs de leur service. C'est au regard des orientations que les salariés auront la clé de lecture des décisions formation les concernant.

Qui impliquer dans l'élaboration des orientations formation ?

Plus les principaux responsables de l'entreprise seront impliqués, plus la formation trouvera sa place d'investissement au service du développement des compétences et, partant, des objectifs de l'entreprise.

Après une première phase d'analyse « en chambre », à partir des données recueillies, faites des hypothèses sur les besoins en compétences qui pourraient se traduire en orientations formation.

Il vous appartient ensuite de questionner les principaux responsables de votre entreprise (ou de votre établissement), afin de vérifier vos hypothèses et de les enrichir de leur propre analyse. Pour cela, la meilleure solution est de les rencontrer individuellement ou lors d'une réunion. Vous utiliserez le support de questionnement décrit dans le paragraphe « Vos outils ».

Comment analyser les données pour rédiger les orientations ?

Une fois les données rassemblées, vous devez les analyser en vous posant les questions suivantes :

- Qu'est-ce que nous pourrions mieux faire aujourd'hui si nous développions telle ou telle compétence ?

- Compte tenu de notre environnement extérieur, quelles sont les évolutions prévisibles en termes de besoins en compétences ?

- Quels sont les emplois qui vont évoluer ou disparaître ? Quelles sont les mesures d'anticipation à prendre pour les personnes actuellement dans ces emplois ?

- Quels sont les emplois qui vont émerger ? Comment pourrions-nous faire évoluer en interne des personnes sur ces nouveaux emplois ?

- Y a-t-il aujourd'hui des personnes ou des catégories de personnel qui n'ont pas suffisamment accès à la formation, compte tenu des exigences de leur emploi ou des anticipations sur leur emploi ?

Pour répondre à cette dernière question, ne regardez pas que l'historique des nombres d'heures de formation par catégorie professionnelle. Descendez au niveau des métiers, des filières d'emploi dans l'entreprise. Regardez ce que deviennent les taux d'accès à la formation si l'on ne tient pas compte des formations obligatoires ou peu transférables : combien de personnes n'ont pas eu accès à la formation depuis deux ans ou plus ? Dans quels métiers ? Examinez également les taux d'accès à la formation suivant la répartition hommes-femmes, ou encore par tranche d'âge.

Faites valider votre projet de note d'orientation

Comme tout projet d'investissement – fût-il immatériel – il doit être validé par la direction. C'est aussi pour vous le moyen de bien positionner la formation. Ce n'est ni une « récompense » ni du « social », sa logique est à l'opposé de celle d'une pure dépense pour satisfaire aux obligations. La formation est un outil efficace qui sert la performance de l'entreprise.

Consultez le comité d'entreprise sur les orientations formation

Cette consultation obligatoire, portant sur « les orientations de la formation professionnelle dans l'entreprise, en fonction des perspectives économiques et de l'évolution de l'emploi, des investissements et de la technologie (code du travail, art. L2323-33) », est distincte des deux consultations de fin d'année sur le plan de formation.

Tant que la consultation n'est pas effectuée, vous ne pourrez parler que de « projet de note d'orientation formation ». Ce n'est qu'une fois la consultation réalisée que pourra être publiée, et diffusée en interne, la « note d'orientation formation ».

En l'absence de comité d'entreprise, ce sont les délégués du personnel que vous devez consulter.

Compte tenu du calendrier des consultations de fin d'année du comité d'entreprise sur la formation, il est souhaitable de consulter sur les orientations en juin, ou au plus tard en juillet.

À savoir Les consultations du comité d'entreprise sur les prévisions en matière d'emploi et sur la formation

Chaque année, dans les **entreprises de moins de 300 salariés**, l'employeur «remet au comité d'entreprise un rapport sur la situation économique de l'entreprise» (code du travail, art. L2323-47). Cette consultation est appelée «consultation sur le rapport unique».

Dans les **entreprises de plus de 300 salariés**, l'employeur «remet au comité d'entreprise un rapport d'ensemble sur la situation économique et les perspectives de l'entreprise pour l'année à venir» (code du travail, art. L2323-55). À l'occasion de la présentation de ce rapport, le comité d'entreprise est consulté sur:
«1. L'évolution de l'emploi et des qualifications au cours de l'année passée.
2. Les prévisions annuelles ou pluriannuelles et les actions **notamment de prévention et de formation** que l'employeur envisage de mettre en œuvre compte tenu de ces prévisions» (code du travail, art. L2323-56).

À savoir La suite logique des consultations du comité d'entreprise

Les consultations du comité d'entreprise (ou, à défaut, des délégués du personnel) doivent logiquement s'enchaîner comme suit:
1. Consultation sur la situation économique (code du travail, art. L2323-47 ou L2323-55 et 56). Elle a lieu après le rapport du commissaire aux comptes, généralement en juin.
2. Consultation sur les orientations formation (code du travail, art. L2323-33).
3. Consultations de fin d'année sur le plan de formation: deux réunions, l'une sur le réalisé, l'autre sur le prévisionnel (code du travail, art. L2323-24 et suivants), cf. étape n° 5.

Gardez contact avec les réalités auxquelles votre entreprise est confrontée

Pour préparer les orientations formation, il ne faut pas se centrer sur « la formation » mais sur l'entreprise et son environnement.

Pour gagner du temps

N'attendez pas de rédiger les orientations pour collecter les informations. Soyez en veille tout au long de l'année. Lisez régulièrement les comptes rendus des réunions de CE ou de délégués du personnel. Tenez à jour le suivi des formations réalisées (objet, durée…) par personne, emploi, sexe, catégorie professionnelle, service, afin de pouvoir facilement éditer vos requêtes le moment venu.

Les bons interlocuteurs, la bonne posture

Trop longtemps, dans de nombreuses sociétés, la fonction formation a fonctionné comme une « caisse enregistreuse » de demandes de stages. Aujourd'hui, la formation prend sa juste place d'investissement immatériel. À la fonction formation de bien se positionner, en exigeant de bénéficier du bon niveau d'interlocuteurs (managers, DRH, comité de direction), et en posant les bonnes questions : non pas celles qui renvoient à la « solution formation », mais celles qui obligent à traduire les évolutions de l'entreprise en besoins de compétences.

Des orientations bien formulées

Les orientations formation doivent être lisibles et compréhensibles par tous, bien sûr, mais aussi spécifiques aux objectifs de l'entreprise. Attention aux « orientations bateau » répétées d'une année sur l'autre !

Elles peuvent être définies pour trois ans et actualisées chaque année.

À savoir **Donner du sens aux catégories d'actions de formation* définies par la loi**

La loi oblige à répartir les actions de formation entre différentes catégories (cf. glossaire, «Catégories d'actions de formation»). Chacune des catégories d'actions répond en effet à des finalités différentes : adaptation au poste du travail, anticipation des évolutions de l'emploi ou maintien du salarié dans l'emploi, développement des compétences. Lors de la rédaction des orientations, il est intéressant de contextualiser cette définition, en donnant des exemples d'orientations qui, dans votre entreprise, relèvent plus particulièrement de telle ou telle catégorie. Cette contextualisation permettra à vos interlocuteurs internes de faire le lien entre les orientations formation et les enjeux de la gestion prévisionnelle de l'emploi et des compétences* (GPEC).

TÉMOIGNAGE

Le lien formation GPEC
au cœur de l'accompagnement
réalisé par la conseillère formation d'un OPCA

*Élodie Loubatière, conseillère formation à l'Adefim Côte-d'Or,
OPCA de la branche «métallurgie» :*

« L'objectif de l'OPCA est d'accompagner les entreprises adhérentes dans l'élaboration de leur plan de formation, en mettant en avant le fait qu'il s'agit d'un outil au service de la gestion prévisionnelle des emplois et des compétences (GPEC), et ce, dans une logique pluriannuelle.
– *Comment intervenez-vous auprès des adhérents ?*

– Nous proposons une démarche globale RH avec un cabinet de ressources humaines afin de montrer que la finalité de la construction du plan de formation va bien au-delà de la simple obligation légale et s'inscrit dans une démarche GPEC.

– *Quelle est la première difficulté que vous rencontrez pour construire le plan de formation ?*

– La première difficulté que nous rencontrons est que l'entreprise n'a pas défini ses grandes orientations et n'a pas mis en place les entretiens professionnels. Nous devons avancer à petits pas. Parfois, une mise à jour des fiches de fonction est nécessaire en amont de la mise en œuvre des entretiens professionnels. C'est ainsi que la mise en place d'une démarche de gestion prévisionnelle des emplois et des compétences alimente la construction du plan. C'est particulièrement important dans le contexte actuel : l'examen de l'effort de formation réalisé, les qualifications obtenues, tous ces éléments prennent toute leur importance pour les salariés et pour l'entreprise.

– *Qu'est-ce qu'un bon plan de formation ?*

– C'est un plan qui formalise de façon fidèle ce que le dirigeant de l'entreprise a en tête, et qui suit l'évolution des techniques et des métiers pour préserver la compétitivité et donc l'avenir de l'entreprise. Mieux encore, c'est un plan qui devance ces questions. Nous arrivons à ce résultat dans les entreprises qui nous ouvrent leurs portes depuis plusieurs années, avec lesquelles une confiance s'est instaurée, et qui effectuent un travail régulier avec la branche. Dans ce cas, nous apportons une aide globale qui va bien au-delà du plan de formation car nous sommes bien structurés et très proches du terrain.

– *Quelle est votre plus grande fierté ?*

– C'est lorsque j'arrive à faire comprendre à l'entreprise que la formation est un outil de la GPEC et combien le développement du capital humain participe à la réussite de l'entreprise. »

Vos outils

Votre support de questionnement

Pour élaborer les orientations, vous allez rencontrer les principaux responsables de votre entreprise ou de votre établissement. Voici les questions à aborder avec eux.

Orientations court terme

Pour l'an prochain, quelles sont les principales priorités que vous donneriez à la formation? Pour chacune de ces priorités, à quel enjeu (performance économique, qualité, satisfaction client, enjeu ressources humaines…) correspond-elle?

Voici quelques questions pour vous aider dans votre réflexion:

• Que va-t-il se passer d'important l'an prochain qui nécessite un accompagnement formation?

• Quelles sont les compétences techniques et les savoir-faire à développer rapidement (arrivée imminente de nouveaux équipements ou logiciels, défauts de compétences actuellement constatés…)?

• Quelles sont les compétences comportementales à développer rapidement (développement de nouveaux services, défauts de compétences actuellement constatés…)? Quelles seraient les solutions – formation ou autre – pour développer ces compétences?

• Quel est l'investissement formation qui vous paraîtrait – *a priori* – le plus susceptible de retour?

Pour chaque réponse, n'oubliez pas de faire préciser à quel enjeu le besoin en compétences correspond. Pour cela, posez autant de fois que nécessaire la question «pourquoi?», afin de remonter jusqu'aux enjeux réellement importants pour l'entreprise. Cela vous permettra de définir ultérieurement les objectifs stratégiques des formations et de construire les dispositifs d'évaluation.

Orientations moyen et long terme

Il s'agit d'anticiper et de préparer l'avenir. Vos questions porteront donc sur :

- les investissements prévus, matériels et immatériels, qui entraîneront des besoins de compétences ;
- les changements d'organisation à venir ;
- les évolutions quantitatives et qualitatives des métiers ;
- l'évolution de la qualification du personnel pour lui permettre d'assurer ses missions au niveau requis.

Voici quelques questions pour vous aider dans votre réflexion :

- Quelles sont les évolutions prévues à moyen et long terme :
  - économiques (marchés, produits, circuits de distribution...) ;
  - technologiques (technologies utilisées, équipements, logiciels...) ;
  - organisationnelles ;
  - réglementaires, financières... ?
- Pour quand ? Quelles sont les fonctions impactées dans votre département ? Quelle évolution prévoyez-vous pour les effectifs ? Quelles sont les compétences à développer ? Quelles seraient les solutions (formation ou autre) pour développer ces compétences ?

Tableau à renseigner lors des rencontres avec les responsables

Évolutions prévues, dysfonctionnements constatés, améliorations souhaitées...	Fonctions impactées	Nature des compétences à développer

Trucs et astuces

Ne tombez pas dans le piège de la «formation alibi»! La formation est un investissement, un outil parmi d'autres au service du développement des compétences. Trop souvent, le recours à la formation masque une réticence à traiter les vrais problèmes d'organisation ou de management. Pour prévenir ce risque, dans cette phase d'élaboration des orientations, empêchez vos interlocuteurs de vous passer des «commandes formation». Amenez-les à se poser dans un premier temps des questions sur les besoins en compétences. Ce n'est qu'ensuite que ces derniers seront traduits en actions de formation, si cela est opportun.

Comment faire quand on n'a pas de visibilité sur la stratégie de l'entreprise ou qu'elle change très vite?

Dans certaines entreprises, les responsables opérationnels ont beaucoup de mal à se projeter dans l'avenir. Soit parce qu'ils ont le sentiment que les activités sont stables, soit au contraire parce que l'environnement est tellement mouvant qu'ils ont du mal à anticiper. Dans ce cas, il n'est pas question de se fixer un chemin tout tracé vers l'avenir, mais d'envisager des scénarios, et de se préparer à ceux dont l'occurrence est la plus probable.

Par votre questionnement, aidez-les à identifier:

• les forces et les faiblesses internes à l'entreprise:

– quelles sont les compétences clés sur lesquelles nous nous appuyons?

– quelles sont les compétences que nous devrions développer?

• les opportunités et les menaces liées à des facteurs externes à l'entreprise:

– quelles sont les évolutions prévisibles (de la réglementation, des marchés…) qui pourraient nous impacter demain?

– quels sont les « scénarios » probables (axes de développement, risques…) ?

– quels seraient les impacts de chacun de ces scénarios en termes d'emploi et de besoin en compétences ?

Trucs et astuces

Sortez de l'horizon annuel ! Un an, c'est dans bien des cas trop court pour accompagner des mobilités, des changements, des montées en compétences. Le code du travail prévoit la possibilité d'élaborer un plan triennal de formation (code du travail, art. L2323-40). Vous pouvez élaborer une note d'orientation glissante sur trois ans, qui sera déclinée annuellement dans l'introduction du plan de formation prévisionnel annuel.

LE LIVRABLE

La note d'orientation doit être assez concise, trois pages au plus, et mettre en évidence un nombre maximal de cinq orientations formation, adossées à des enjeux importants pour l'entreprise.

La présentation et le style doivent être étudiés pour accrocher l'intérêt du lecteur : c'est un document de communication important pour la fonction formation, qui donnera de la lisibilité à toutes les décisions ultérieures en matière de formation.

Note d'orientation formation de TelConseil

Objet : Orientations formation de l'année N+1

De : Direction générale

À : Managers

Date : 15 juin de l'année N

Le contexte et les enjeux de TelConseil

Appartenant à un environnement en pleine évolution, TelConseil a pour ambition de **devenir un acteur incontournable du conseil en solutions de téléphonie.** Notre objectif en N+1 est de créer de nouvelles opportunités de croissance en **offrant des services innovants à nos clients.** En termes de marchés, notre stratégie prévoit le **renforcement de notre présence dans les pays émergents.**

Le plan de formation de l'année N+1 de TelConseil est ambitieux, afin de permettre aux salariés de s'adapter rapidement aux évolutions des activités. Il donne les moyens aux salariés de rester à la pointe des nouvelles technologies et des évolutions dans leur domaine spécifique.

Pour cela, TelConseil s'appuiera sur les priorités de la branche du conseil, notamment pour la mise en place de formations longues (plus de 100 heures) accompagnant les évolutions dans l'emploi.

Par ailleurs, le plan de formation de l'année N+1 fera une large place aux formations mixtes qui permettent aux salariés de suivre des formations pour partie en présentiel et pour partie à distance avec des modules d'e-learning*. Et ce, afin de mieux individualiser les parcours de formation.

Les orientations formation

Pour atteindre ces objectifs, nous avons défini cinq orientations formation pour l'année N+1 pour TelConseil :

1. Accompagner les évolutions techniques.
2. Professionnaliser notre pratique du métier de consultant.
3. Déployer la nouvelle approche commerciale.
4. Renforcer le leadership des managers et leur capacité à développer les compétences de leurs équipes.
5. Maîtriser les langues, et en particulier l'anglais.

Présentation de chaque orientation formation

1. Accompagner les évolutions techniques afin de pouvoir proposer à nos clients des solutions simples et innovantes pertinentes par rapport à leurs besoins.

- Ces évolutions impliquent notamment un développement de l'expertise de nos **consultants** sur les nouvelles architectures Web 2.0 et les services sans fil.
- Pour mobiliser ces compétences, la qualité des échanges devient fondamentale dans le management de projets complexes. Un programme de montée en compétences des **chefs de projet** manageant des équipes à distance sera développé.

2. Professionnaliser notre pratique du métier de consultant afin de renforcer la satisfaction de nos clients par la maîtrise du relationnel et des pratiques du conseil.

Les compétences à développer s'adresseront prioritairement aux **consultants juniors** et porteront principalement sur :

- les méthodes et outils d'intervention ;
- l'amélioration de la relation client : compréhension, analyse des besoins, suivi et fidélisation.

3. Déployer la nouvelle approche commerciale afin de dynamiser l'activité commerciale au sein de toutes les unités d'affaires.

- Le déploiement de la nouvelle démarche commerciale va se poursuivre en N+1 auprès des différents acteurs de la relation client.

- Elle sera axée sur le renforcement de l'écoute client pour optimiser notre qualité de conseil.

4. Renforcer le leadership des managers et leur capacité à développer les compétences de leurs équipes afin de suivre, voire d'anticiper, les évolutions techniques.

Des formations modulaires seront proposées aux **managers opérationnels** de l'entreprise. Elles visent tout particulièrement :

- la conduite d'entretiens professionnels ;
- l'interculturel afin d'aider les équipes à mieux intervenir à l'étranger ;
- le management de la diversité.

5. Maîtriser les langues, et en particulier l'anglais, afin de renforcer les positions de TelConseil sur les nouveaux marchés identifiés.

- Ces programmes concernent **tous les salariés ayant des contacts réguliers avec des clients étrangers.**
- Ils porteront sur des thématiques professionnelles (négociation, anglais des affaires), sous forme de parcours individualisés, créés au cas par cas selon les marchés en cours. Des tests TOEIC seront proposés aux salariés concernés.

Les actions de formation

Le plan de formation de l'année N+1 de TelConseil déclinera les deux catégories d'actions de formation :

- catégorie 1 :
  - actions d'adaptation au poste de travail : **actions de formation nécessaires à la bonne réalisation des tâches et missions liées au poste,**
  - actions liées à l'évolution des emplois et au maintien dans l'emploi : **actions de formation nécessaires pour faire face à un changement d'environnement présent ou à venir clairement identifié ;**
- catégorie 2 :
  - actions pour le développement des compétences : **elles visent à faire acquérir au salarié des compétences qui favoriseront son évolution professionnelle.**

Le processus d'élaboration du plan de formation de l'année N+1

Le service formation prendra contact avec les responsables de service dès la semaine prochaine afin d'organiser les entretiens de recueil des besoins. Un support leur sera envoyé pour leur permettre de préparer cet entretien en déclinant les orientations formation pour leur entité.

Les étapes et le calendrier de construction du plan de formation seront les suivants :

1. Définition des orientations formation   juin

2. Échange avec les managers opérationnels
(étape de recueil des besoins)   juillet/septembre

3. Chiffrage des actions de formation   septembre/octobre

4. Arbitrages   octobre

5. Validation du projet de plan de formation
par le président   novembre

6. Consultation du comité d'entreprise   décembre

Le respect de ce calendrier est essentiel pour permettre la consultation des partenaires sociaux dans les délais légaux.

Le budget prévisionnel de formation de l'année N+1

Notre projet de formation pour l'année N+1 est ambitieux pour accompagner la stratégie de l'entreprise. C'est pourquoi en N+1 l'enveloppe globale allouée à la formation sera de 4 % de la masse salariale.

Conclusion

La formation représente un investissement important pour notre entreprise. Chacun peut contribuer à en faire un véritable outil de développement de nos compétences collectives et des compétences individuelles des salariés au service de notre stratégie.

Note d'orientation formation 20XX
de ....

Objet :   Note d'orientation formation 20XX
De :   Direction générale
À :   Managers
Date :   jj/mm/aa

1. Décrivez le **contexte et les enjeux** de votre entreprise.

Quels sont les **objectifs stratégiques et les enjeux RH** majeurs de l'entreprise pour 20XX ?

....

....

....

....

....

2. Nommez les orientations formation 20XX : les axes qui sont proposés pour contribuer à l'atteinte de ces objectifs.

Axe 1 : ....

....

Axe 2 : ....

....

Axe 3 : ....

....

Axe 4 : ....

....

Axe 5 : ....

....

3. Détaillez les orientations formation :

• orientation formation… afin de… (rappel de l'objectif stratégique) ;

• thèmes prioritaires de formation, éventuellement catégorie de personnel particulièrement concernée.

Axe 1 : .... afin de ....

....

Axe 2 : .... afin de ....

....

Axe 3 : .... afin de ....

....

Axe 4 : .... afin de ....

....

Axe 5 : .... afin de ....

....

4. Rappelez les catégories du plan de formation et précisez leurs définitions pour votre entreprise.

Le plan de formation 20XX de .... déclinera les deux catégories d'actions de formation :

• actions d'adaptation au poste de travail, actions liées à l'évolution des emplois et au maintien dans l'emploi :

....

....

....

....

....

• actions pour le développement des compétences :

....

....

....

....

....

5. Décrivez le processus de construction du plan de formation 200X et les échéances clés.

Étape n° 1 : ....

....

Étape n° 2 : ....

....

Étape n° 3 : ....

....

Étape n° 4 : ....

....

Étape n° 5 : ....

....

6. Précisez l'enveloppe budgétaire prévisionnelle consacrée à la formation.

....

....

....

7. Concluez.

....

....

....

Explorer les besoins et projets

POURQUOI ?

Au terme de cette première étape, vous avez défini les orientations formation. Mais celles-ci restent très générales. Il s'agit maintenant de vous préparer à les « nourrir » concrètement, en rassemblant, au plus près des acteurs de terrain, les besoins collectifs et les demandes individuelles.

LES RESSOURCES NÉCESSAIRES

- La note d'orientation formation.
- L'historique détaillé de la formation sur les trois dernières années : par service, par catégorie professionnelle, par tranche d'âge, par sexe.
- Le volet « formation » du dernier entretien annuel de chaque salarié, et/ou le compte rendu de son entretien professionnel*.

LA DÉMARCHE

Cette démarche consiste à rassembler les besoins collectifs et les projets individuels de formation, en cohérence avec les orientations.

Pour cela, vous allez :

* rencontrer les responsables opérationnels ;

* vous appuyer sur les comptes rendus d'entretiens individuels ou les autres moyens de recensement des projets individuels de formation.

Dans les étapes ultérieures, ces besoins et projets seront chiffrés (étape n° 3) puis arbitrés (étape n° 4) à partir des orientations formation et des contraintes de l'entreprise.

À savoir « **Besoins collectifs** » et « **projets individuels** »

Le plan de formation intègre les actions qui sont nécessaires à la progression collective des compétences, au regard de projets ou de nouvelles exigences qui concernent une équipe, ou encore un métier. Ce sont les « besoins collectifs ».
Il intègre également les actions qui sont liées aux besoins spécifiques des individus : ce sont les « projets individuels ».

À qui les livrables de cette étape sont-ils destinés ?

Il s'agit de documents de travail qui vous sont destinés. Ils ne seront pas diffusés.

Qui impliquer dans la démarche ?

Pour identifier précisément les besoins collectifs, vous aurez besoin des responsables opérationnels, qui sont au plus près des besoins de terrain. Pour identifier les projets individuels, vous prendrez appui sur les souhaits exprimés par les salariés eux-mêmes.

Trucs et astuces

Un bon réseau!

La fonction formation exige un excellent contact, une bonne connaissance des problèmes de terrain et un bon réseau de relations internes. En entretenant celui-ci tout au long de l'année, vous pourrez sans peine investiguer, avec les responsables opérationnels, les besoins en formation.

TÉMOIGNAGE

Cécile M'Kavavo, responsable formation de l'hôtel Royal-Monceau, Paris:

« Le plus important, c'est de bien connaître la population à laquelle on s'adresse. Elle est très diverse : des cadres, des ouvriers, des personnes qui ne sont pas de culture française... Le responsable formation doit connaître les gens, rencontrer les chefs de service. Ils ont été choisis par l'entreprise pour une raison bien précise. Il faut savoir ce qu'ils ont fait avant, connaître leur parcours ; c'est ce qui permet de les approcher. La formation permet de changer de trajectoire, de ne pas rester dans des représentations figées, par exemple : "Les hommes au restaurant et les femmes au service en chambre." Les propositions sont reçues si les personnes savent qu'on les connaît.

Je cherche ce qui va permettre de faire prendre conscience de la nécessité de se former tout au long de la vie, de "nourrir son passeport formation*", de se montrer proactif. Chacun doit pouvoir se dire : "Pourquoi pas moi ?" Se former, c'est aussi apporter plus à son entourage.

Avec les anciens, c'est parfois plus difficile. Je leur dis : "Je ne suis pas là pour vous apprendre votre métier, mais parce que la société a changé : j'apporte des solutions pour que vous ne restiez pas sur le bord du chemin." »

Rencontrez les responsables opérationnels et les chefs de projet

Le mieux est d'aller sur le terrain à la rencontre des responsables opérationnels et des chefs de projet. C'est ainsi que vous entretiendrez votre réseau ainsi que votre connaissance des problèmes concrets et quotidiens. Lorsque cela est possible, munissez-vous du support de recensement des besoins, et renseignez-le au cours d'un entretien avec chaque responsable. Si l'entretien en face à face est difficile (dispersion géographique, déplacements fréquents…), préférez l'entretien téléphonique au questionnaire envoyé par courriel… qui risque fort de rester sans réponse ou d'être difficilement exploitable !

Évelyne Stephan, responsable formation de Santé Service, établissement de santé privé à but non lucratif :

« Certaines formations collectives sont demandées par la direction générale, comme "culture client" : cette formation s'inscrit dans le projet institutionnel, tout comme celles qui s'inscrivent dans la démarche qualité, ou dans le projet d'établissement.
Différentes commissions expriment des besoins collectifs : la commission des soins, ou encore le Comité de lutte contre les infections nosocomiales. Lors de la phase de recueil des besoins, les membres des commissions donnent leur avis sur les formations réalisées pendant l'année écoulée. »

Truc et astuces

L'entretien « pèlerin »

N'attendez pas le dernier trimestre pour préparer votre plan de formation et rencontrez régulièrement les responsables opérationnels ou les chefs de projet pour échanger sur leur activité, les compétences de leurs collaborateurs, les changements de technologie… Prenez donc votre « bâton de pèlerin » et réalisez ces entretiens tout au long de l'année. Cela vous préparera à la collecte des besoins et renforcera l'image de la fonction formation auprès de vos interlocuteurs.

Pour gagner du temps

Au cours de l'entretien, travaillez à la fois sur les besoins collectifs et sur les besoins individuels.

Le déroulement de l'entretien

Les responsables opérationnels ont peu de temps. Les projets de formation relatifs à leur service gagneront en cohérence s'ils sont examinés en un même entretien.

- Commencez par les besoins collectifs.
  Rappelez les orientations formation. À l'aide du support d'entretien, amenez le manager à contextualiser ces orientations pour son propre service : quels sont les salariés de son service concernés par chacune des orientations formation ?
  Dans les petites structures (TPE ou petites PME), orientations formation et besoins collectifs peuvent se confondre. Dans ce cas, vous passerez directement à l'examen des besoins de formation individuels.

- Passez ensuite en revue les projets individuels.
  Le calendrier des entretiens individuels dans votre entreprise ne correspond pas forcément à celui de l'élaboration du plan. Ainsi, un entretien individuel réalisé en janvier « datera » un peu au moment d'élaborer le plan en fin d'année… Tout en vous munissant des informations remontées lors des entretiens individuels, il vous faut donc actualiser ces informations et recueillir l'avis du manager sur les souhaits de formation émis par les salariés.

- Tout au long de l'entretien, grâce à votre support de questionnement, aidez le manager à bien formuler ses besoins.
  Ne fonctionnez pas comme une « caisse enregistreuse » de demandes de stages ! Votre rôle est d'aider les responsables opérationnels – et les salariés – à faire la distinction entre les besoins de développement des compétences qui relèvent de la formation et les besoins qui relèvent d'autres actions.

Trop souvent, les responsables recourent à la formation alors que la véritable source des dysfonctionnements se trouve dans un management ou une organisation du travail inadéquats, eux-mêmes source de démotivation ou de perte de compétences.

Lorsqu'un manager constate une insuffisance de performance, interrogez-vous avec lui sur le « triangle de la performance ».

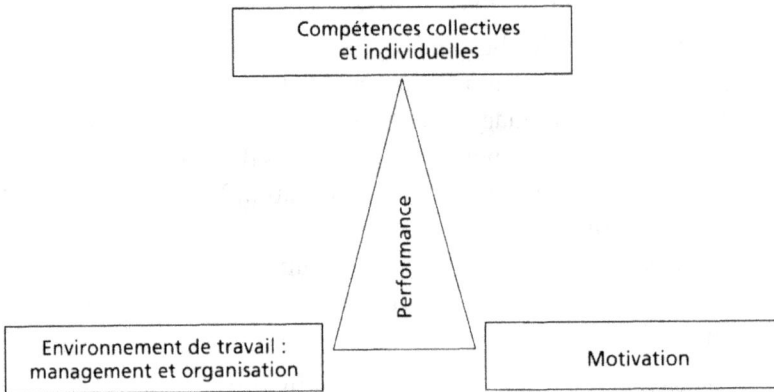

```
                    ┌──────────────────────────┐
                    │  Compétences collectives │
                    │     et individuelles     │
                    └──────────────────────────┘
                              /\
                             /  \
                            / P  \
                           / e    \
                          / r      \
                         / f        \
                        / o          \
                       / r            \
                      / m              \
                     / a                \
                    / n                  \
                   / c                    \
                  / e                      \
┌───────────────────────────┐      ┌──────────────────────┐
│ Environnement de travail : │     │                      │
│ management et organisation │     │      Motivation      │
└───────────────────────────┘      └──────────────────────┘
```

La formation nourrit les compétences collectives et individuelles. Elle ne peut résoudre les dysfonctionnements liés à des carences de l'organisation ou du management. Pour une part, la motivation de chacun est une résultante des facteurs « environnement de travail » et « compétences » – même si elle est liée pour une autre part à l'équation individuelle de chaque salarié. Toute « réponse formation » doit être pensée dans cette analyse systémique.

Le triangle de la performance :
la performance est la résultante de la combinaison des trois composantes

La formation ne peut pas traiter de problèmes relevant du management ou de l'organisation du travail. Elle fournit des ressources – en termes de savoirs et de savoir-faire relationnels – pour une meilleure compétence au travail.

Lorsque le besoin de formation se confirme, accompagnez le manager pour l'aider à définir ses objectifs opérationnels : que veut-il « voir sur le terrain » au retour de formation des salariés ? Qu'est-ce qui lui fera dire que l'action de formation est réussie ?

Pour recenser les projets individuels, appuyez-vous sur les volets formation des entretiens entre managers et salariés.

TÉMOIGNAGE

Évelyne Stephan, responsable formation de Santé Service, établissement de santé privé à but non lucratif :

« Le plus important pour moi, c'est de recueillir le maximum de demandes de l'ensemble des salariés, et de pouvoir leur restituer la décision qui a été prise. Il doit y avoir de la transparence dans les décisions. Tous les ans, nous avons une campagne d'entretiens annuels. Préalablement à son entretien, le salarié a exprimé ses demandes sur la "fiche de demande individuelle de formation". Au cours de l'entretien, il en fait part à son manager, qui a indiqué des niveaux de priorités. L'expression des demandes et la discussion avec le manager s'appuient sur l'offre qui figure au catalogue interne de formation de l'année en cours.

Ensuite, je collecte toutes ces fiches et je les saisis sur Excel : cela me fait une base "demande des salariés". Je prends tout, même celles qui n'ont pas été acceptées par le manager. De l'expression d'un salarié il peut découler une idée en matière de formation. Je reporte l'avis du manager.

J'organise ce recueil par thème, et je le présente à la commission formation du comité d'entreprise. Les demandes individuelles recueillies sur les fiches sont anonymisées. Les membres de la commission formation font part de leur propre analyse des besoins des salariés. »

À savoir **L'entretien professionnel**

L'Accord national interprofessionnel de décembre 2003 oblige les entreprises à aménager pour leurs salariés un entretien professionnel au moins tous les deux ans. Il a pour objet de «permettre au salarié d'être acteur dans son évolution professionnelle».

Les points à aborder lors de l'entretien sont les suivants :
- l'accès à l'information sur les dispositifs relatifs à l'orientation et à la formation ;
- l'identification des objectifs de professionnalisation qui pourraient être définis pour permettre au salarié de s'adapter à l'évolution de son poste de travail, de renforcer sa qualification ou de développer ses compétences ;
- l'identification du ou des dispositifs auxquels il pourrait être fait appel ;
- les initiatives du salarié pour l'utilisation de son DIF* ;
- les conditions de réalisation des formations envisagées.

Trucs et astuces

Entretiens individuels : faire un point à mi-parcours sur la formation

Souvent, le calendrier prévoit les entretiens annuels « manager-collaborateur » entre décembre et janvier. Les souhaits de formation individuels collectés lors de ces entretiens arrivent trop tard pour être exploitables afin de construire le plan de formation.

Lorsque l'entreprise a mis en place un entretien professionnel distinct de l'entretien d'évaluation, la situation est idéale : le calendrier de l'entretien professionnel sera établi de manière à coïncider avec le calendrier d'élaboration du plan.

Si ce n'est pas le cas, il est judicieux de programmer un court entretien dédié à la formation, en juin-juillet, afin de permettre au manager et à ses collaborateurs d'échanger sur les projets individuels et les besoins de formation.

LES FACTEURS CLÉS DE SUCCÈS

Aidez vos interlocuteurs à se préparer à l'entretien

Votre entretien avec chaque manager durera environ une heure et demie. C'est court pour traiter les besoins collectifs et passer en revue les besoins individuels. Vous gagnerez en temps et en pertinence si le manager s'est préparé à l'entretien :

- envoyez-lui un courriel de confirmation lui précisant la durée et le déroulement ;
- suivant le calendrier des entretiens individuels de votre entreprise, invitez-le à relire les comptes rendus d'entretien, voire à rafraîchir les informations en rencontrant ses collaborateurs pour actualiser les projets de formation de chacun.

Trucs et astuces

Et s'il n'y a pas d'entretien individuel ?

Peut être n'y a-t-il pour le moment pas d'entretiens individuels réguliers entre managers et collaborateurs dans votre société, ou tout du moins pas pour toutes les catégories de salariés. Dans ce cas :

- lors de votre entretien d'exploration des besoins formation avec le manager, enquérez-vous de toutes les demandes individuelles qui auraient pu être portées à sa connaissance. Avec lui, situez ces demandes au regard des orientations définies par l'entreprise ;
- diffusez largement les orientations formation, et encouragez les salariés à exprimer leurs propres projets de formation.

Positionnez-vous comme un prestataire de services interne

La qualité d'une prestation de services se construit à deux : le prestataire et son client. La réussite d'une action de formation dépend du respect d'une méthodologie stricte.

L'analyse du besoin, la validation du fait que la formation est bien une réponse adaptée est une étape essentielle. Vis-à-vis de vos interlocuteurs, positionnez-vous comme le garant du respect de la méthode qui leur permettra d'atteindre les objectifs qu'ils visent à travers la formation.

Faire comprendre et respecter la rigueur méthodologique indispensable vous permettra de faire gagner en crédibilité la fonction formation.

À savoir Qu'appelle-t-on «analyser la demande de formation»?

C'est «l'opération consistant à examiner la pertinence d'un projet de formation au regard des objectifs poursuivis par le demandeur» (source: AFNOR. Terminologie. NF X 50-750).

Une demande, un besoin exprimé de formation ne doivent pas être acceptés «tels quels» mais analysés: s'agit-il d'un véritable besoin de développement des compétences, ou d'une question relevant de l'organisation du travail, du management ou d'autres facteurs? Ce développement des compétences relève-t-il d'une action de formation individuelle? collective? ou bien d'un accompagnement terrain? ou des deux?

Mettez-vous en posture d'«écoute active»

Commencez l'entretien par des questions ouvertes, laissez à votre interlocuteur la possibilité d'exprimer pleinement ses idées.

Ne passez aux questions fermées que progressivement, lorsqu'il est nécessaire de préciser la demande.

Reformulez fréquemment les idées exprimées par votre interlocuteur afin de vérifier votre compréhension.

Vos outils

Un support de recensement des besoins collectifs

Vous devez vous doter d'un outil de questionnement des responsables opérationnels.

Par leur responsabilité de managers, ceux-ci sont en charge d'identifier les besoins collectifs de montée en compétences, liés à des dysfonctionnements constatés ou à des évolutions à venir. Ces besoins collectifs sont la déclinaison, au niveau du service, des orientations générales préalablement élaborées pour toute la société.

L'outil de recensement des besoins collectifs vous aidera à leur poser les bonnes questions, pour bien analyser les besoins de formation et faciliter les étapes ultérieures d'arbitrage et de mise en œuvre du plan de formation.

Ce que l'on doit y trouver :

- l'évaluation de l'impact des actions de formation collectives précédemment menées pour le service ;
- les besoins en développement de compétences identifiés pour le service ;
- une première analyse de ces besoins au regard de ce qui relève de la formation.

Un support de recensement des projets et besoins individuels

Comme on l'a vu plus haut, ce support peut être intégré au support d'entretien annuel ou professionnel.

Ce que l'on doit y trouver :

- l'évaluation de l'impact des actions de formation précédemment suivies par le salarié ;
- les besoins, les projets de formation exprimés par le salarié ;
- l'avis du manager sur ces besoins et projets.

Trucs et astuces

Pourquoi faire le point sur les formations réalisées pendant l'année?

Dans l'outil de recueil des besoins collectifs comme dans celui de recueil des besoins individuels, nous vous proposons une rubrique permettant d'évaluer l'impact des formations réalisées par le salarié dans l'année écoulée.

L'objet de cette rubrique est d'induire un dialogue entre le manager et le collaborateur sur les apports des formations réalisées : la formation suivie correspondait-elle aux objectifs visés ? Le collaborateur a-t-il eu la possibilité de mettre en pratique les apports de la formation ? Ce transfert a-t-il eu un impact positif sur la qualité du travail réalisé, sur la performance ? Les questions sont les mêmes lorsque la formation concerne une équipe de travail ou une catégorie de salariés.

Sans ce questionnement, la formation est bien vite oubliée... C'est aux managers de veiller au réinvestissement des acquis en situation de travail, et cette rubrique est là pour les impliquer.

LES LIVRABLES

À l'issue de cette étape, vous disposerez d'un ensemble de comptes rendus d'entretiens. Ces comptes rendus seront la base de vos travaux de chiffrage (étape n° 3) et d'arbitrage (étape n° 4).

Recueil de besoins collectifs de formation de TelConseil

Date de l'entretien : 10 septembre N

Présents à l'entretien : M. Martin Produtel, responsable de service, Mme Solange Ressources, responsable formation.

1. Évaluation des actions collectives de formation menées pendant l'année en cours

Actions collectives de formation	Rappel des objectifs opérationnels	% d'atteinte des objectifs opérationnels	Remarques
Découverte des réseaux sans fil	Maîtriser les technologies de la transmission de données sans fil Wi-Fi, Bluetooth. Découvrir les produits clés du marché, créer de toutes pièces un réseau en technologie sans fil	80 %	Toute l'équipe n'a pas été formée. Les salariés formés ont proposé aux clients des solutions plus innovantes. Ces solutions ont fait progresser le pourcentage d'acceptation des propositions commerciales
Développer une relation client durable	Comprendre les enjeux de la relation client : confiance, écoute, adhésion, préférence	100 % sur le test réalisé (trois personnes)	Module à déployer à toute l'équipe

2. Besoins de formation collectifs pour l'année à venir

Orientations TelConseil N+1	Objectifs	Compétences à développer	Population visée	Nombre de personnes concernées
1. Accompagner les évolutions techniques	Maîtriser les outils et langages Web 2.0	Créer des applications Web dynamiques	Consultants	4
	Maîtriser les services sans fil	Découvrir les technologies de la transmission de données sans fil	Consultants juniors	6
	Conduire des projets complexes	Conduire des projets informatiques	Consultants juniors	5
	Manager des équipes projet à distance	Être capable de manager à distance		3
2. Professionnaliser notre pratique du métier de consultant	Intégrer et professionnaliser les nouveaux consultants			
	Maîtriser les méthodes de consulting	Développer de nouveaux services innovants en mettant en œuvre la méthode FLIX	Consultants seniors	3
		Maîtriser l'analyse des processus	Consultants juniors	6
	Maîtriser les outils d'intervention			
	Améliorer la relation client : analyse des besoins			
	Améliorer la relation client : suivi et fidélisation			
3. Déployer la nouvelle approche commerciale	Développer l'écoute client			
	Dynamiser la relation commerciale	Développer une relation client durable	Consultants	8
	Maîtriser la qualité des propositions commerciales			
	Améliorer la qualité de l'accueil client			

Orientations TelConseil N+1	Objectifs	Compétences à développer	Population visée	Nombre de personnes concernées
4. Renforcer le leadership des managers	Conduire les entretiens professionnels	Conduire l'entretien professionnel	Managers	3
	Travailler en milieu interculturel	Connaître les points clés du management interculturel	Managers	3
	Manager la diversité			
5. Maîtriser les langues, et en particulier l'anglais	Négocier en anglais	Être capable de soutenir une proposition commerciale en anglais	Ingénieurs commerciaux	4
	Comprendre et parler l'anglais des affaires			
	Maîtriser l'anglais du conseil	Être capable de mener à bien une mission en anglais	Consultants seniors	6
			Consultants juniors	10
Demandes hors axes	Développement personnel	Découvrir les outils essentiels de développement personnel	Managers	3
Sécurité	Habilitation électrique			10

Recueil de besoins individuels de formation de TelConseil

Volet formation de l'entretien individuel de la société TelConseil.

Lors de leur entretien du 10 septembre N, M. Produtel et Mme Ressources passent en revue les volets formation des comptes rendus d'entretiens conduits par M. Produtel.

Le salarié :

Nom : Appel	Prénom : Aude
Département/Service : WL	Fonction : consultante senior

Le responsable hiérarchique (n+1) :

Nom : Produtel	Prénom : Martin
Fonction : Responsable département WL	

1. Le bilan formation de l'année en cours

Intitulés des formations suivies	Objectifs de ces formations	Atteinte des objectifs (évaluation du participant)	Atteinte des objectifs (évaluation du manager)
1. Développer une relation client durable	Comprendre les enjeux de la relation client : confiance, écoute, adhésion, préférence	Formation pratique mise en œuvre dans le courant de l'année	Bonne mise en œuvre, notamment de l'écoute client
2. Négocier en anglais	Le vocabulaire de l'anglais commercial	A soutenu trois propositions commerciales cette année	Nouvelle attribution de portefeuille client pour l'année à venir
Commentaires sur les formations suivies et sur l'atteinte des objectifs			

2. Vos souhaits de formation

Les compétences que vous souhaitez développer	Le type d'action de formation que vous envisagez	Pour quelle finalité ?	Avis de votre manager
Appréhender ce qui constitue la spécificité des entreprises de services Construire et développer les relations clients pour améliorer la performance commerciale	Master en management des services et de la relation client (RMS)	☐ Mieux remplir vos fonctions actuelles[1] ☐ Vous préparer aux évolutions de l'emploi ☒ Développer vos compétences en vue d'évoluer professionnellement	Avis favorable pour une évolution vers une fonction commerciale

Commentaires du salarié

Épreuves de sélection au master en décembre N, les inscriptions doivent avoir lieu avant le 15 octobre.

Date et signature : 30 juin 20XX

Commentaires du supérieur hiérarchique

Aude Appel dispose du potentiel pour évoluer vers des fonctions commerciales après un passage comme consultante dans mon département. Le master demandé doit lui permettre de développer ses capacités dans l'univers de la téléphonie.

Date et signature : 30 juin 20XX

© Groupe Eyrolles

---

1. Penser aux formations réglementaires (habilitations, sécurité…).

Support de recueil
des besoins collectifs de formation

Date de l'entretien : jj/mm/aa

Présents à l'entretien : ....

....

1. Évaluation des actions collectives de formation menées pendant l'année en cours

Actions collectives de formation	Rappel des objectifs opérationnels	% d'atteinte des objectifs opérationnels	Remarques

2. Besoins de formation collectifs pour l'année à venir

Orientations N+1	Objectifs	Compétences à développer	Population visée	Nombre de personnes concernées

Support de recueil des besoins individuels de formation

Volet formation de l'entretien individuel de la société

Le salarié :

Nom :	Prénom :
Département/Service :	Fonction :

Le responsable hiérarchique (n+1) :

Nom :	Prénom :
Fonction :	

1. Le bilan formation de l'année en cours

Intitulés des formations suivies	Objectifs de ces formations	Atteinte des objectifs (évaluation du participant)	Atteinte des objectifs (évaluation du manager)
Commentaires sur les formations suivies et sur l'atteinte des objectifs			

2. Vos souhaits de formation

Les compétences que vous souhaitez développer	Le type d'actions de formation que vous envisagez	Pour quelle finalité ?	Avis de votre manager
		☐ Mieux remplir vos fonctions actuelles[1] ☐ Vous préparer aux évolutions de l'emploi ☐ Développer vos compétences en vue d'évoluer profession-nellement	

Commentaires du salarié

....

....

....

....

....

Date et signature :

Commentaires du supérieur hiérarchique

....

....

....

....

....

Date et signature :

---

1. Penser aux formations réglementaires (habilitations, sécurité...).

Effectuer un premier chiffrage

Dans cette étape vous allez :

1. Traduire les besoins collectés en actions de formation.

2. Choisir les modalités de mise en œuvre de ces formations : inter, intra, interne, présentiel et/ou e-learning.

3. Chiffrer les actions de formation pour déterminer un premier budget.

Pourquoi ?

Cette étape vous permettra de vous assurer du respect du budget formation* alloué. Le chiffrage sera le prélude aux arbitrages (étape n° 4) : il fournit les données de base pour la prise de décisions relatives aux actions de formation pour l'année à venir.

Les ressources nécessaires

- Plan de formation de l'année précédente.
- Catalogues d'organismes de formation externes.
- Base prestataires de formation, regroupant les données collectées sur les différents prestataires (expertises, historique de la relation, prix…).
- Besoins de formation et projets individuels issus de l'étape n° 2.
- Données issues des fichiers paye, forfaits charges sociales, forfaits transport/hébergement.

LA DÉMARCHE

Vous allez chercher les solutions formation qui permettent de répondre aux besoins de développement des compétences exprimés lors de l'étape n° 2.

Le chiffrage résulte du choix en matière d'organisation des actions de formation

Votre premier travail est donc de faire des hypothèses sur les modalités d'organisation et sur les modalités pédagogiques de chaque action :

- Allez-vous envoyer le ou les participants à un stage « inter-entreprise » ? Organiser avec un organisme externe une action « sur mesure » pour vos salariés ? Organiser la formation en interne, avec vos propres formateurs ?

- La formation se déroulera-t-elle intégralement en « présentiel », formateur et participants étant réunis simultanément dans un même lieu ? Ou bien se déroulera-t-elle totalement ou en partie à distance, par l'intermédiaire de modules de formation à distance, par exemple ?

Ces choix seront déterminants pour évaluer le coût des actions de formation.

À qui les résultats de ce premier chiffrage sont-ils destinés ?

Le tableau de chiffrage est un document de travail qui vous est destiné. Vous n'en diffuserez que des extraits, en fonction des besoins des différents destinataires (direction, managers…).

Comment procéder ?

Précisez le cahier des charges des actions issues du recueil de besoin

L'analyse des besoins en compétences issus de l'étape n° 2 a permis de préciser les objectifs opérationnels attendus, c'est-à-dire ce qui permettra de dire sur le terrain que la formation est réussie. Il peut être nécessaire de préciser les éléments principaux du cahier des charges pour définir et trouver la solution formation adaptée. Le questionnement suivant avec l'outil « QQOQCP » vous permettra de réaliser cette phase.

- **Quoi ?** Quel est le contenu dominant de la formation ?

- **Qui ?** Quel est le public concerné, sa fonction, niveau de prérequis, âge, ancienneté, motivation... ?

- **Où ?** Où devra se dérouler la formation : dans l'entreprise, dans les locaux d'un organisme de formation, dans un autre lieu... ?

- **Quand ?** Quelle est l'échéance souhaitée par le salarié, sa hiérarchie ?

- **Comment ?** Quelles sont les modalités de formation envisageables : inter, intra, interne ?

- **Pour quoi ?** Quel est l'objectif opérationnel visé, la compétence à mettre en œuvre en situation professionnelle, le résultat attendu pour l'entreprise ou le service concerné ?

Trucs et astuces

Regroupez les besoins pour économiser!

Vous avez listé différentes actions de formation à mettre en place en N+1. Vous avez compilé les besoins des différents services et vous pouvez ainsi mettre en évidence des formations communes à plusieurs services.

Vous effectuerez des tris sur le libellé formation afin de regrouper ces actions pour pouvoir choisir les modalités de mise en place. Cela consiste à envisager des regroupements et à organiser des actions collectives de moindre coût horaire que les actions individuelles.

Choisissez les modalités de mise en œuvre de ces formations : inter, intra, interne, e-learning

Faire un premier chiffrage implique de faire des hypothèses sur la manière dont se dérouleront les actions.

En effet, suivant leurs modalités d'organisation, les actions n'ont pas le même coût ! Il faut viser non seulement le respect du budget formation qui vous a été alloué, mais aussi l'optimisation du ratio nombre de personnes formées/coûts pédagogiques de formation, tout en restant très exigeant sur la qualité des formations délivrées.

À savoir Les modalités possibles d'organisation d'une action de formation

Il existe trois grandes modalités d'organisation :
• en **inter-entreprise** : la formation réunit des participants issus de différentes entreprises, dans un lieu proposé par l'organisme de formation ;

- en **intra-entreprise** : la formation s'adresse à un groupe constitué de participants issus de la même entreprise. Elle est assurée par un organisme de formation externe à l'entreprise. Elle se déroule dans les locaux de l'entreprise, ou bien dans des locaux dont le choix a été fait ou approuvé par elle (lieu de séminaire, ou même locaux de l'organisme de formation) ;
- en **interne** : la formation s'adresse à un groupe constitué de participants issus de la même entreprise. Elle est assurée par l'entreprise elle-même, avec ses propres formateurs et ses propres moyens pédagogiques. Elle se déroule dans les locaux de l'entreprise, ou bien dans des locaux extérieurs qu'elle a choisis.

À savoir **Les modalités pédagogiques de réalisation d'une action de formation**

Les modalités d'organisation peuvent s'articuler avec des **choix pédagogiques** qui auront une forte influence sur le coût de la formation.
- Une formation peut être organisée entièrement en **présentiel** : elle se déroule en salle, en atelier pour les formations techniques, et le formateur est physiquement présent avec les participants.
- Une formation peut être, entièrement ou partiellement, organisée **à distance**. Cette notion recouvre à son tour de multiples possibilités. Retenons les plus fréquemment évoquées :
  - des modules d'autoformation à distance, accessibles via un CD-Rom ou via Internet, sont mis à la disposition des participants. Ce type de solution n'est efficace que si les modules sont de qualité et si l'entreprise met en place un tutorat pour accompagner les participants. Le coût de ce tutorat doit être anticipé dans le chiffrage ;
  - le formateur réunit les participants à distance, en « classe virtuelle* », au moyen d'une solution informatique permettant de communiquer à plusieurs de manière synchrone, de se voir, de passer des documents aux participants, de montrer aux participants le travail produit par l'un d'entre eux sur son propre ordinateur... Tout comme l'autoformation à distance, la classe virtuelle permet de supprimer les frais de déplacement et de réduire les temps d'indisponibilité du participant.

Utilisez une matrice d'aide au choix des modalités

Critère	Inter-entreprise	Intra-entreprise	Interne	Modalités « à distance »
Construction de compétences individuelles	**Avantage** Le participant échange ses pratiques avec les participants d'autres entreprises. **Point de vigilance** Être très attentif aux objectifs visés par le stage, aux prérequis, aux modalités pédagogiques. Le stage répond-il vraiment aux besoins en compétences de l'entreprise ?	**Avantage** Chaque participant travaille sur des problématiques au plus proche de celles qu'il rencontre en situation de travail (pour autant que l'action ait été véritablement conçue « sur mesure »). **Point de vigilance** Être très attentif à la composition des groupes. Certains participants ne vont-ils pas en « étouffer » d'autres ?	**Avantage** Le même que celui de l'intra, avec en plus la bonne connaissance du terrain par le formateur, lui-même issu de l'entreprise. **Point de vigilance** La composition des groupes, le choix du formateur et sa propre préparation pédagogique.	**Avantage** L'e-learning est un excellent moyen d'individualiser la formation. Après une évaluation, il est facile d'orienter les participants vers les différents modules de formation, et ainsi d'éviter de leur faire suivre des modules inutiles. **Point de vigilance** Les risques d'abandon. L'e-learning n'est pertinent que s'il est accompagné de moyens dédiés : espaces de formation, tuteur, mises en commun, alternance avec le présentiel… S'assurer de la qualité des modules standard proposés par les prestataires.
Construction de compétences collectives	**Inconvénient** De retour dans l'entreprise, il ne sera pas toujours facile pour le participant de partager les bonnes pratiques et les acquis de formation. **Point de vigilance** Prévoir, avant le départ en formation, les modalités du réinvestissement de la formation au travail.	**Avantage** La formation peut être conçue de manière à traiter collectivement des problèmes réels, à améliorer ensemble des façons de travailler. **Point de vigilance** Valider le cahier des charges de l'action avec l'ensemble des commanditaires.	**Avantage** Le même que celui de l'intra, avec en plus la bonne connaissance du terrain par le formateur, lui-même issu de l'entreprise. **Point de vigilance** Valider le choix du (des) formateur(s) au regard de son positionnement vis-à-vis des participants, compte tenu de sa fonction habituelle : sera-t-il légitime ? Crédible ? Laissera-t-il aux participants l'espace suffisant pour s'exprimer ?	**Avantage** Les moyens du type classe virtuelle permettent à moindres frais d'organiser retours d'expérience, suivi des actions collectives, prolongation des temps de formation en présentiel. Les modules d'autoformation réalisés « sur mesure » permettent de travailler sur les produits et systèmes spécifiques à l'entreprise. **Points de vigilance** S'assurer que les moyens techniques sont adéquats (bande passante). S'assurer de la compétence du formateur à intervenir sur ces modalités spécifiques.

Critère	Inter-entreprise	Intra-entreprise	Interne	Modalités « à distance »
Facilité d'organisation	**Avantage** Il suffit de choisir dans le catalogue ! **Point de vigilance** Valider avec l'organisme de formation ses engagements de maintien des dates proposées.	**Point de vigilance** Il faut réunir tous les participants dans un même lieu et au même moment, ce qui n'est pas toujours simple ! S'assurer avec les chefs de service qu'il n'y aura pas de désistements de dernière minute. Situer le lieu de la formation de manière que les participants puissent se consacrer à leur formation pendant le temps imparti.	**Point de vigilance** Il faut non seulement réunir le groupe, mais aussi s'assurer de la disponibilité du formateur !	**Points de vigilance** Ne pas compter sur la « bonne volonté » de chacun pour se connecter, organiser la formation avec soin. S'assurer que les conditions de faisabilité technique sont réunies. Dédier un chef de projet averti au pilotage de la réalisation des modules « sur mesure ».
Coût	**Avantage** Jusqu'à un certain nombre de participants (à calculer en fonction du prix du stage inter comparé à un intra). **Point de vigilance** Les coûts de déplacement et d'hébergement.	**Avantage** À partir d'un certain nombre de participants (généralement à partir de 4 ou 5).	**Avantage** Pas de coûts liés à l'achat de prestation d'animation de formation. **Point de vigilance** Si votre société ne dispose pas de formateurs formés, prévoir d'acheter la prestation de conception de l'action, et de former les formateurs.	**Avantage** Les prestataires de formation proposent des accès à des modules e-learning « sur étagère » (standard) à des prix intéressants. La formation à distance évite les frais de déplacement, et réduit la durée d'indisponibilité au travail. **Point de vigilance** Le coût de réalisation de modules e-learning est très variable suivant les outils de développement utilisés. Bien anticiper les coûts de réalisation et le retour sur investissement : tout dépend de la longévité du module et du nombre d'utilisateurs.

Chiffrez les actions de formation pour déterminer un premier budget

Lors de ce premier chiffrage, vous devez faire une estimation des coûts prévisionnels suivants:

1. Coûts pédagogiques = coûts liés directement à la délivrance de la prestation de formation.

- Pour une action inter, les coûts pédagogiques sont ceux qui apparaissent sur le catalogue du prestataire, ou que vous avez négociés.

- Pour une action intra, le coût pédagogique se traduira par un prix par jour d'intervention (quel que soit le nombre de participants), auquel il faudra éventuellement ajouter les jours nécessaires à la conception de l'action, si elle est réalisée « sur mesure », ainsi que les frais de reproduction de la documentation.

- Pour une action interne, le coût pédagogique sera égal au salaire chargé du formateur, pour le temps consacré à la conception et à l'animation de l'action de formation.

2. Coûts salariaux = salaires et charges sociales des participants pendant le temps de participation à la formation.

3. Coûts de transport et d'hébergement appelés également « frais annexes ».

À savoir

Le départ en formation d'un salarié constitue l'exécution normale de son contrat de travail. La rémunération est donc versée au salarié, ainsi que la prise en charge des frais générés par la formation.
Lorsque la formation se déroule en dehors du temps de travail, c'est une allocation formation* qui sera versée au salarié.

Trucs et astuces

Ne confondez pas « budget de formation » et « dépenses imputables de formation » ! Par « dépenses imputables », on entend celles qui justifieront le respect, par l'employeur, de son obligation de contribution à la formation professionnelle continue (cf. glossaire, « Imputabilité des dépenses de formation »).

Les dépenses imputables sont définies par la loi et prévoient, par exemple, un plafonnement de l'imputabilité des frais de transport et d'hébergement.

Vous devrez tenir compte des critères d'imputabilité lors de l'établissement de la déclaration fiscale pour la formation professionnelle.

Mais, pour l'élaboration du budget, toutes les dépenses doivent être prises en compte, du moment qu'elles reflètent bien l'investissement formation de votre société.

Gagner du temps

À ce stade, vous ne savez sans doute pas exactement quels seront les participants à chacune des actions envisagées.

Pour estimer les coûts salariaux, prenez le salaire moyen (ou médian) de chacune des catégories socioprofessionnelles de votre entreprise. Affectez-lui un coefficient multiplicateur pour obtenir le salaire augmenté des charges patronales. Ce coefficient multiplicateur vous sera communiqué par le service paye.

De même, vous ne connaissez pas exactement les noms des organismes qui réaliseront les actions. En vous référant aux catalogues des organismes (pour l'inter) et à l'historique des coûts des prestations (pour l'intra), calculez les coûts pédagogiques à partir d'un prix par jour moyen. Attention, en intra, ce prix par jour moyen peut beaucoup varier d'un organisme et d'un domaine d'intervention à l'autre. En fonction de l'historique de la formation dans votre entreprise, prenez pour chaque action l'hypothèse la plus réaliste.

Anticipez les possibilités en matière de reversements OPCA et de subventions

D'un OPCA à l'autre, et suivant les ressources de l'OPCA et les priorités décidées par ses partenaires sociaux, les reversements aux entreprises sur fonds mutualisés diffèrent. Vos possibilités en matière d'obtention de reversement de fonds mutualisés dépendent aussi, en pratique, de la part de la contribution formation que vous versez à l'OPCA dont vous êtes adhérent. Aussi est-il important, dès cette phase d'élaboration du plan, de prendre contact avec le conseiller formation de votre OPCA pour lui exposer les orientations formation de votre entreprise et les gros projets en vue pour l'année suivante. Sans pouvoir s'engager sur des montants de reversements sur fonds mutualisés, il pourra vous indiquer si l'action lui paraît éligible à la période de professionnalisation*.

Votre conseiller formation pourra également vous orienter sur les différentes subventions possibles en matière de formation :

• aide au diagnostic des enjeux liés à la santé au travail, aux changements technologiques et organisationnels ;

• aide à la conception et l'élaboration d'un plan de GPEC ;

• aide à l'anticipation et à l'accompagnement de l'évolution des emplois et qualifications des actifs occupés tant au plan quantitatif que qualitatif ;

• aide à la formation dans les entreprises en situation de fragilité économique, pour éviter les licenciements ou pour les salariés licenciés économiques avant la rupture du contrat de travail ;

• aide aux actions de formation qui ont pour objet de contribuer à l'égalité professionnelle des hommes et des femmes ;

• articulation formation et chômage partiel.

*Élodie Loubatière, conseillère formation à l'Adefim Côte-d'Or,
OPCA de la branche «métallurgie»:*

« L'Adefim intervient auprès d'entreprises dans le secteur de la métallurgie qui n'ont pas élaboré de plan de formation. Ce sont souvent des organisations comprenant entre dix et cinquante salariés. Elles sollicitent souvent l'OPCA après avoir pris conscience qu'elles ne sont pas en conformité avec les obligations légales de mise en place de l'entretien professionnel ou de consultation des instances représentatives du personnel (délégués du personnel). Actuellement, dans un contexte de crise économique, l'Adefim est également sollicitée dans le cadre du chômage partiel et pour optimiser les financements. Mais, bien sûr, il y a aussi le cas d'entreprises qui ont des projets importants et qui vont alors construire un plan de formation afin d'accompagner la mise en place sur le long terme.

Les points prépondérants pour les dirigeants d'entreprise sont les financements et la réglementation. L'entreprise attend qu'on l'aide à monter son plan de formation en veillant au respect de son budget et de ses obligations légales. »

Cécile M'Kavavo, responsable formation de l'hôtel Royal-Monceau, Paris:

« Ma plus belle réussite, c'est d'avoir convaincu mon OPCA de prendre en charge des actions qu'il ne prévoyait pas de prendre en charge au départ. Par exemple, des bilans d'adaptation, qui permettent à des salariés qui quittent l'entreprise de se redonner un projet. L'OPCA a également accordé un financement pour permettre aux salariés de s'adapter aux nouveaux postes de travail, dans le cadre de la rénovation complète de l'hôtel. »

LES FACTEURS CLÉS DE SUCCÈS

Validez vos hypothèses

Avant de passer au chiffrage proprement dit, validez votre compréhension du besoin et vos hypothèses d'organisation de l'action avec le(s) manager(s) ou le(s) chef(s) de projet commanditaire(s) de l'action de formation. C'est un moyen de vous assurer que le besoin a été bien formulé et que la réponse envisagée est pertinente.

Élaborer le budget de formation n'est pas une science exacte !

Lors de cette étape de chiffrage, donnez-vous des ordres de grandeur et cherchez la cohérence des chiffres plutôt que que la précision absolue.

Travaillez en cohérence avec le contrôle de gestion de votre entreprise

Toutes les entreprises ne suivent pas de la même façon leurs dépenses de formation. Veillez bien à valider avec votre direction financière ou votre contrôleur de gestion de quel type de dépenses est constitué le budget formation qui vous est alloué. En effet, certaines entreprises ne suivront que les coûts pédagogiques des actions de formation externe. D'autres imputeront également les coûts salariaux et les frais de formation interne (salaires des formateurs internes).

VOS OUTILS

Vous devez, pour cette étape, vous doter d'un **tableau de chiffrage des actions de formation**. Grâce aux fonctionnalités d'un tableur, ce tableau vous permettra de détailler les dépenses de formation et d'en calculer le coût global. Vous y porterez également les caractéristiques des salariés concernés, notamment leur catégorie socio-professionnelle et leur sexe. Ces données seront nécessaires lors de la présentation de votre plan aux partenaires sociaux.

C'est à partir de ce même tableau que vous effectuerez ensuite le suivi de la réalisation du plan.

Ce que l'on doit y trouver :

- le service ou département concerné ;
- le libellé de l'action de formation ;
- l'organisme de formation, si vous l'avez identifié ;
- la durée de la formation en heures ou en jours avec mention du nombre d'heures éventuellement réalisées hors temps de travail ;
- la modalité de formation choisie : interne, inter ou intra ;
- la catégorie de formation : adaptation au poste de travail, évolution ou maintien dans l'emploi, développement des compétences ;
- la catégorie socioprofessionnelle et le sexe du (des) salarié(s) formé(s) ;
- le détail des coûts : coûts pédagogiques, salaires ou allocation formation, frais annexes.

LES LIVRABLES

À l'issue de cette troisième étape, vous disposez d'un tableau de chiffrage des actions de formation demandées. La comparaison avec votre enveloppe budgétaire va vous indiquer si des arbitrages sont à réaliser ou si vous pouvez envisager la mise en œuvre de ce plan dans son intégralité.

Une fois corrigé des éventuels arbitrages, ce tableau de chiffrage sera votre outil de travail pour la mise en œuvre et le suivi du plan de formation.

Tableau de chiffrage de TelConseil (extrait)

service	nom prénom	axes	libellé formation	type formation	organisme	durée heures	dont durée HIT
WL	CHESNAIE Patricia	1	applications web	PLAN	Telweb	21	
WL	DELANOE Pascal	1	applications web	PLAN	Telweb	21	
WL	DUFOUR Philippe	1	applications web	PLAN	Telweb	21	
WL	DURAND Joëlle	1	applications web	PLAN	Telweb	21	
WL	DURAND Corinne	1	technologies WL	PLAN	WLformations	28	
WL	LEPETIT Luc	1	technologies WL	PLAN	WLformations	28	
WL	MARTIN Sylvie	1	technologies WL	PLAN	WLformations	28	
WL	MOYON Michèle	1	technologies WL	PLAN	WLformations	28	
WL	BRETECHE Martine	1	technologies WL	PLAN	WLformations	28	
WL	GROSSEAU Christine	1	technologies WL	PLAN	WLformations	28	
WL	PERROT Catherine	1	conduite projet info 2	PLAN	BIM	14	
WL	GUICHARD Pierre	1	conduite projet info 2	PLAN	BIM	14	
WL	MORIO Jean	1	conduite projet info 2	PLAN	BIM	21	
WL	RECRUTEMENT 1	1	conduite projet info 1	PLAN	BIM	21	
WL	RECRUTEMENT 2	1	conduite projet info 1	PLAN	BIM	21	
WL	LALEMAND Martin	1	manager équipe à distance	PLAN	Gossip	21	
WL	GERARD Philippe	1	manager équipe à distance	PLAN	Gossip	21	
WL	LEGRAND Christophe	1	manager équipe à distance	PLAN	Gossip	21	
WL	MARTINEZ Juan	2	méthode consulting	PLAN	Optimis	14	
WL	MICHEL Mélanie	2	méthode consulting	PLAN	Optimis	14	
WL	VERBA Guillaume	2	méthode consulting	PLAN	Optimis	14	
WL	RECRUTEMENT 2	2	analyse processus	PLAN	BCS	21	
WL	RECRUTEMENT 3	2	analyse processus	PLAN	BCS	21	
WL	RECRUTEMENT 4	2	analyse processus	PLAN	BCS	21	
WL	RECRUTEMENT 5	2	analyse processus	PLAN	BCS	21	
WL	RECRUTEMENT 6	2	analyse processus	PLAN	BCS	21	
WL	RECRUTEMENT 7	2	analyse processus	PLAN	BCS	21	
WL	CHESNAIE Patricia	3	relation client durable	PLAN	Cliantel	14,5	
WL	DELANOE Pascal	3	relation client durable	PLAN	Cliantel	14,5	
WL	DUFOUR Philippe	3	relation client durable	PLAN	Cliantel	14,5	
WL	DURAND Joëlle	3	relation client durable	PLAN	Cliantel	14,5	
WL	DURAND Corinne	3	relation client durable	PLAN	Cliantel	14,5	
WL	LEPETIT Luc	3	relation client durable	PLAN	Cliantel	14,5	
WL	MARTIN Sylvie	3	relation client durable	PLAN	Cliantel	14,5	
WL	MARTINEZ Miguel	3	relation client durable	PLAN	Cliantel	14,5	
WL	YVIQUEL François	4	entretien pro managers	PLAN	CapRH	14	
WL	MOYON Michèle	4	entretien pro managers	PLAN	CapRH	14	
WL	BRETECHE Martine	4	entretien pro managers	PLAN	CapRH	14	
WL	GROSSEAU Christine	4	management interculturel	PLAN	Powerfull	21	
WL	FRAUD Alain	4	management interculturel	PLAN	Powerfull	21	
WL	PERROT Catherine	4	management interculturel	PLAN	Powerfull	21	
WL	GUICHARD Pierre	5	anglais commercial	PLAN	Powerfull	21	
WL	MORIO Jean	5	anglais commercial	PLAN	Powerfull	21	
WL	DREAN Pierrick	5	anglais commercial	PLAN	Powerfull	21	
WL	DRENO Lionel	5	anglais commercial	PLAN	Powerfull	21	
WL	BRETON Bernard	5	anglais conseil	PLAN	Angloconsult	21	
WL	BROSSEAU Jean-François	5	anglais conseil	PLAN	Angloconsult	21	
WL	BLANDIN Michel	5	anglais conseil	PLAN	Angloconsult	21	
WL	BOISSEAU Brigitte	5	anglais conseil	PLAN	Angloconsult	21	
WL	CHESNET Philippe	5	anglais conseil	PLAN	Angloconsult	21	
WL	COUDERC Gilles	5	anglais conseil	PLAN	Angloconsult	21	
WL	JOULAIN Marc	5	anglais conseil	PLAN	Angloconsult	21	
WL	MARCHAND Martial	5	anglais conseil	PLAN	Angloconsult	21	
TOTAL						30,6842	

modalité	cat.	salaire horaire chargé	coût pédagogique HT	salaire chargé	allocation formation	frais transport	frais hôtel repas	coût total	H/F	CSP	sem.
inter	C1	45	1395	945			23	2363	F	Cadre	S1
inter	C1	45	1395	945		250	23	2613	H	Cadre	S2
inter	C1	45	1395	945		150	23	2513	H	Cadre	S2
inter	C1	45	1395	945			23	2363	F	Cadre	S2
intra	C1	45	1000	1260		150	23	2433	F	Cadre	S1
intra	C1	45	1000	1260			23	2283	H	Cadre	S1
intra	C1	45	1000	1260		250	23	2533	F	Cadre	S1
intra	C1	45	1000	1260			23	2283	F	Cadre	S1
intra	C1	45	1000	1260		350	23	2633	F	Cadre	S1
intra	C1	45	1000	1260			23	2283	F	Cadre	S1
inter	C1	45	1095	630			23	1748	F	Cadre	S1
inter	C1	45	1095	630		150	23	1898	H	Cadre	S2
inter	C1	45	1095	945			23	2063	H	Cadre	S1
inter	C1	45	1590	945			23	2558	H	Cadre	S1
inter	C1	45	1590	945			23	2558	H	Cadre	S2
inter	C1	45	1995	945		250	23	3213	H	Cadre	S1
inter	C1	45	1995	945			23	2963	H	Cadre	S2
inter	C1	45	1995	945		350	23	3313	H	Cadre	S1
inter	C1	45	1020	630		250	23	1923	H	Cadre	S2
inter	C1	45	1020	630			23	1673	F	Cadre	S2
inter	C1	45	1020	630		150	23	1823	H	Cadre	S1
intra	C1	45	750	945			23	1718	H	Cadre	S2
intra	C1	45	750	945			23	1718	H	Cadre	S2
intra	C1	45	750	945			23	1718	H	Cadre	S2
intra	C1	45	750	945			23	1718	H	Cadre	S2
intra	C1	45	750	945			23	1718	H	Cadre	S2
intra	C1	45	750	945			23	1718	H	Cadre	S2
intra	C2	45	525	652,5			23	1200,5	F	Cadre	S1
intra	C2	45	525	652,5		250	23	1450,5	H	Cadre	S1
intra	C2	45	525	652,5		150	23	1350,5	H	Cadre	S1
intra	C2	45	525	652,5			23	1200,5	F	Cadre	S1
intra	C2	45	525	652,5		150	23	1350,5	F	Cadre	S1
intra	C2	45	525	652,5			23	1200,5	H	Cadre	S1
intra	C2	45	525	652,5		250	23	1450,5	F	Cadre	S1
intra	C2	45	525	652,5			23	1200,5	H	Cadre	S1
inter	C2	45	1070	630			23	1723	H	Cadre	S2
inter	C2	45	1070	630			23	1723	F	Cadre	S1
inter	C2	45	1070	630		350	23	2073	F	Cadre	S2
inter	C2	45	1590	945			23	2558	F	Cadre	S1
inter	C2	45	1590	945			23	2558	H	Cadre	S1
inter	C2	45	1590	945			23	2558	F	Cadre	S2
intra	C1	45	900	945		150	23	2018	H	Cadre	S1
intra	C1	45	900	945			23	1868	H	Cadre	S1
intra	C1	45	900	945		150	23	2018	H	Cadre	S1
intra	C1	45	900	945			23	1868	H	Cadre	S1
intra	C1	45	500	945			23	1468	H	Cadre	S1
intra	C1	45	500	945			23	1468	H	Cadre	S1
intra	C1	45	500	945			23	1468	H	Cadre	S1
intra	C1	45	500	945			23	1468	F	Cadre	S1
intra	C1	45	500	945			23	1468	H	Cadre	S1
intra	C1	45	500	945			23	1468	H	Cadre	S1
intra	C1	45	500	945		350	23	1818	H	Cadre	S1
intra	C1	45	500	945			23	1468	H	Cadre	S1
				0				0			
			81030	106690	0	4250	1817	193787			

Tableau de chiffrage du plan de formation

Sem.								
Cadre/Technicien Employé/Ouvrier								
H/F								
Coût total	◌	◌	◌	◌	◌	◌	◌	◌
Frais hôtel repas								
Frais transport								
Allocation formation								
Salaire chargé	◌	◌	◌	◌	◌	◌	◌	◌
Coût pédagogique HT								
Salaire horaire chargé								
Cat.								
Modalité								
dont durée HTT								
Durée (heures)								
Organisme								
Type de formation								
Libellé de la formation								
Orientations formation								
NOM Prénom								
Service								

C1 : adaptation au poste
C2 : évolution ou maintien dans l'emploi
C3 : développement des compétences

inter
intra
interne

saisir en centièmes par exemple 3,50 pour une demi-journée

Plan
DIF

Réaliser les arbitrages

POURQUOI ?

Bien souvent, une fois le premier chiffrage réalisé, il apparaît que la somme des demandes excède le budget alloué pour la formation. D'où la nécessité de réaliser des arbitrages et de se donner des règles afin de faire des choix cohérents.

LES RESSOURCES NÉCESSAIRES

• La note d'orientation formation.
• Les chiffrages issus de l'étape n° 3.

LA DÉMARCHE

Qui réalise les arbitrages ?

En tant que chef de projet pour l'élaboration du plan de formation, vous allez piloter la démarche. Mais les arbitrages résultent d'une prise de décision collective, à laquelle vous associerez, autant que faire se peut, les principaux responsables de service, et si possible les managers concernés.

Qui sont les destinataires de cette étape ?

Cette étape aboutira au projet de plan de formation. Les destinataires, outre la direction, seront donc les membres du comité d'entreprise (ou, à défaut, les délégués du personnel).

Comment réaliser les arbitrages ?

Se donner des critères d'arbitrage

Vos critères d'arbitrage seront bien sûr fonction du diagnostic opéré en amont de l'élaboration des orientations formation et des orientations elles-mêmes.

Toutes les orientations n'ont pas le même degré d'importance, en fonction des enjeux dont elles relèvent. Parmi les publics potentiellement concernés par les orientations, certains peuvent être prioritaires ; d'autres non. Il en est ainsi pour les catégories de personnel qui ont des difficultés à s'adapter aux exigences de leur emploi, ou dont l'emploi va profondément évoluer ou disparaître.

Selon l'urgence des enjeux auxquels est confrontée votre entreprise, les critères d'arbitrage feront donc plutôt basculer le curseur vers une logique « descendante » (orientations formation de l'entreprise – besoins collectifs identifiés pour chaque service) ou vers une logique « remontante » (prise en compte des demandes individuelles).

Certaines entreprises privilégient une approche descendante : ce sont les actions liées à des enjeux collectifs qui priment. À l'extrémité de cette logique, les salariés n'ont que très marginalement accès à des formations correspondant à un projet individuel.

D'autres privilégient une approche remontante. À l'extrémité de cette logique, le plan de formation est constitué de l'addition de demandes individuelles de salariés.

Pour définir au mieux les critères d'arbitrage, il faudra donc situer le curseur entre « logique descendante » et « logique remontante ».

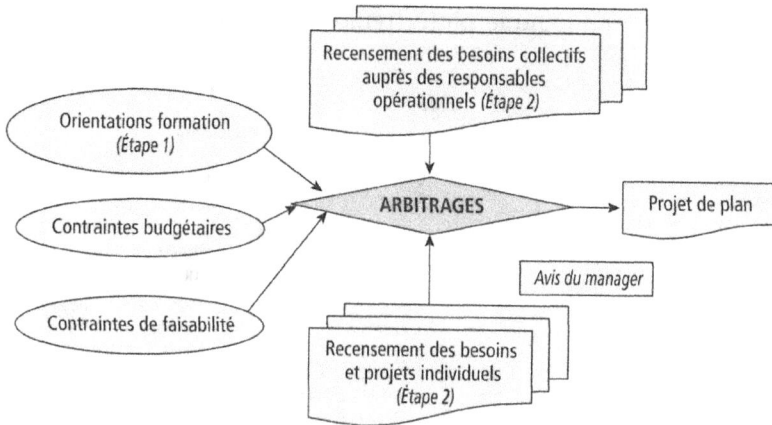

Le plan de formation à la rencontre
des besoins individuels et collectifs de formation

L'arbitrage résultera à la fois des critères retenus et de la pondération de chacun des critères.

Par exemple, une logique plutôt descendante pourrait aboutir à la grille suivante :

Critères	Coefficient de pondération	Remarque
Formation obligatoire au regard de la réglementation (sécurité…)	4	La pondération est maximale : ces actions seront toujours retenues.
Cohérence avec l'orientation 2	3	La pondération est forte pour cette orientation, qui se trouvera privilégiée dans les arbitrages.
Cohérence avec les autres orientations	2	La « logique descendante » est confirmée : ce sont les actions qui entrent dans les orientations définies par la société qui seront prioritairement retenues.
Faisabilité au regard de l'organisation du travail	1	L'examen de ce critère amènera à vérifier si l'organisation matérielle de l'action est possible : • N'y aurait-il pas trop de personnes d'un même service qui seraient absentes simultanément ? • Les salariés devront-ils être remplacés ? À quelles conditions cela est-il faisable ? Ici la pondération est faible, parce que l'entreprise est prête à faire de gros efforts pour faire aboutir les formations qui entrent dans les orientations.

A contrario, une logique plutôt remontante pourrait aboutir à la grille suivante :

Critère	Coefficient de pondération	Remarque
Formation obligatoire au regard de la régle-mentation (sécurité…)	4	La pondération est maximale : ces actions seront toujours retenues.
Cohérence avec les orientations	1	Les orientations ne correspondent pas à des enjeux cruciaux. Ce sont plutôt des guides pour la réflexion.
Faisabilité au regard de l'organisation du travail	2	Ici la pondération est plus élevée. Dans la mesure où les formations sont plutôt issues de besoins et de projets exprimés individuellement, l'entreprise n'est pas prête à se mobiliser fortement pour les rendre possibles. Elles devront s'inscrire dans l'organisation du travail en place, sans la perturber.

Comment faire vivre la grille ?

Chaque action de formation est passée au crible des critères. Pour chaque critère, le comité d'arbitrage attribue la note « 0 » ou « 1 ». On multiplie cette note par le coefficient de pondération du critère, ce qui permet de totaliser un certain nombre de points pour chaque action de formation.

Les actions qui obtiennent le plus de points seront retenues, jusqu'à ce que le budget alloué soit atteint.

Élodie Loubatière, conseiller formation à l'Adefim Côte-d'Or, OPCA de la branche « métallurgie » :

« Quels sont les points de vigilance dans la construction du plan ?
– Nous sommes tout particulièrement attentifs à la faisabilité du plan et au lien entre les actions de formation et le métier des salariés. Par exemple, j'ai récemment alerté une entreprise sur le volume d'heures de formation pour un projet de formation managériale qui me semblait impossible à réaliser compte tenu de l'absence au poste de travail que cela allait générer pour les équipes. J'ai également mis l'accent sur la cohérence de la population à former par rapport à la cible, ce qui a amené à revoir la "candidature" d'une secrétaire à cette formation. »

À savoir **Actions relevant du plan d'action du DIF**

Quelles sont les actions éligibles au titre du DIF, et comment différencier «plan» et «DIF»?

Le code du travail (art. L6323-8) indique que, faute d'un accord négocié sur des priorités DIF, sont éligibles au titre du DIF les actions de promotion professionnelle, les actions d'acquisition, d'entretien ou de perfectionnement des connaissances, les actions de qualification.

Pour ce qui est des priorités négociées, l'employeur peut s'adosser aux priorités négociées au niveau de la branche (accord de branche sur la formation), de l'OPCA, ou encore au niveau du groupe ou de l'entreprise.

Au moment des arbitrages, la question de renvoyer certaines demandes sur le DIF peut se poser. Cela peut concerner des actions qui n'ont pas été retenues au plan au moment des arbitrages, parce qu'elles n'entrent pas dans les orientations de l'entreprise, par exemple. Conformément à ce qui est écrit plus haut sur le champ des actions éligibles au titre du DIF, on exclura du DIF les actions qui relèvent de l'obligation de l'employeur d'adapter les salariés aux exigences de leur poste de travail, ou encore d'anticiper les évolutions de l'emploi. L'employeur ne peut pas, par ailleurs, décider unilatéralement de priorités DIF, puisque celles-ci doivent être négociées.

L'étape d'arbitrage peut ainsi conduire à revenir vers les salariés dont la demande individuelle n'est pas retenue au plan, et à leur proposer de faire leur demande sous la forme d'une demande de DIF.

Certaines entreprises, lorsque leur accord de branche leur en donne la possibilité, font aussi lors de cette étape un arbitrage entre DIF sur temps de travail et DIF hors temps de travail.

TÉMOIGNAGE

Évelyne Stephan, responsable formation Santé Service :

«Les demandes individuelles s'appuient sur un catalogue formation, qui rassemble l'offre de formation de Santé Service vers ses salariés. Dans ce catalogue, certaines actions sont identifiées comme relevant du DIF. Si une demande de DIF porte sur ces actions identifiées, elle sera réalisée sur temps de travail. Si elle porte sur une formation "hors catalogue", elle sera réalisée hors temps de travail. »

Réunir une commission d'arbitrage

L'arbitrage ne devrait pas relever de la décision d'un(e) seul(e) ! Les décisions prises risquent fort d'apparaître comme résultant du « fait du prince ». Pour bien arbitrer, il est important de prendre en considération différents points de vue. D'où la nécessité de réunir une commission d'arbitrage, à laquelle devraient participer les principaux responsables de l'entreprise ou de l'établissement.

Avant même de procéder à la cotation des actions, le rôle majeur de la réunion d'arbitrage sera de valider la pondération des critères. Imaginons en effet une même action de formation, obtenant les mêmes points à chacun des critères, cotée avec les deux grilles précédentes. Le jeu des coefficients produirait une grande différence dans le nombre total de points obtenus ! C'est dire l'importance de la pondération : c'est elle qui reflète le mieux, après les orientations, la politique formation de l'entreprise.

Évelyne Stephan, responsable formation Santé Service :

« Je présente le tableau à la direction générale, et c'est là que se font les arbitrages. Généralement les arbitrages ne sont pas drastiques, car les besoins exprimés sont bien en phase avec les orientations : les personnes sont bien accompagnées, les managers et tous se situent par rapport à notre offre de formation, que je publie sous la forme d'un catalogue. »

Appliquer les critères aux actions demandées

Logiquement, chaque action ayant fait l'objet d'un chiffrage lors de l'étape précédente doit être passée au crible de la grille d'arbitrage. D'où l'intérêt, à l'étape n° 2, d'avoir regroupé tout ce qui pouvait l'être (par exemple, toutes les demandes de formation à un même niveau pour un même logiciel, qui ne deviennent plus qu'une demande de formation pour x personnes).

Pour gagner du temps

Si toutefois il reste encore un grand nombre d'actions différentes à passer en revue, nous vous suggérons de préparer la réunion de la commission d'arbitrage en proposant vous-même une cotation pour les multiples «petites» actions.

Retenir les actions correspondant le mieux aux critères, dans la limite du budget

À vos tableurs! Le nombre de points obtenus pour chaque action vient enrichir le tableau de chiffrage des actions. Un tri sur le critère «nombre de points» permet de hiérarchiser les actions par ordre de priorité. Au final seront retenues les actions «en haut du tableau» dont le total des coûts représente le budget alloué au plan de formation.

Il est intéressant de garder la mémoire des demandes refusées après arbitrage, pour les réorienter sur le DIF ou bien pour alimenter le plan de l'année suivante.

Trucs et astuces

Une démarche itérative

Pour chaque action, l'arbitrage ne se traduit pas forcément en «tout» ou «rien»! Si une formation s'avère coûteuse et difficile à organiser pour dix personnes, elle peut devenir parfaitement réalisable si l'on en répartit la mise en œuvre sur trois ans. Pour l'année à venir, cela amènera donc à revoir à la baisse le nombre de participants, et à remonter la cotation de l'action (sans oublier de programmer la suite pour les années suivantes!). De nombreuses itérations seront ainsi nécessaires avant d'aboutir à la cotation finale.

LES FACTEURS CLÉS DE SUCCÈS

Un calendrier bien anticipé

Réunir la commission d'arbitrage, consulter le cas échéant les managers opérationnels, tout cela prend du temps. D'où la nécessité de bien anticiper le déroulement de votre processus d'élaboration du plan, et de prévenir toutes les parties prenantes du rôle qu'elles auront à y jouer. La commission d'arbitrage peut très bien avoir lieu lors d'une réunion périodique de l'équipe de direction. Encore faut-il l'avoir mise suffisamment tôt à l'ordre du jour, et lui avoir réservé un temps satisfaisant.

Une fine connaissance des problématiques

Là encore, votre bonne connaissance des questions de terrain vous sera un atout précieux. Elle vous permettra de poser les bonnes questions, visant à discerner en quoi les actions demandées s'inscriront bien dans les orientations, quelles sont les véritables contraintes de faisabilité…

Si une décision est prise d'étaler la réalisation d'une action sur plusieurs années, c'est votre connaissance des historiques individuels de formation et des enjeux ressources humaines qui vous permettra de guider la discussion en vue d'établir la liste des personnes prioritaires pour la première année.

Des décisions partagées et validées

Les arbitrages doivent être élaborés en concertation avec les responsables opérationnels concernés. Au final, ils doivent être validés par le représentant habilité de la direction.

Dans l'idéal, cette version « avant consultation » sera présentée au comité de direction, pour valider ce qui représente un investissement immatériel.

Vos outils

Une grille d'arbitrage

On l'a vu, il vous faut une grille d'arbitrage, dont vous proposerez à la fois les critères et la pondération. Ces critères peuvent être plus ou moins « fins », mais ne devraient pas dépasser le nombre de cinq, pour éviter d'enliser la discussion.

Ce que l'on doit y trouver : des critères et des coefficients de pondération qui reflètent bien les enjeux et la politique formation de votre entreprise.

Des exemples de critères

Les critères proposés ci-dessus sont les plus fréquemment retenus. On peut les croiser avec d'autres. Par exemple, il est possible de s'aider des catégories du plan pour arbitrer.

Les actions d'adaptation au poste de travail, ou les actions visant à anticiper les évolutions de l'emploi et à maintenir les personnes dans l'emploi, seront affectées d'un coefficient de pondération d'autant plus fort que l'entreprise rencontre des problèmes de qualification du personnel ou connaît de fortes mutations.

Si la logique d'élaboration du plan est « descendante », les actions participant au développement des compétences des salariés, dans une logique de progression individuelle, seront affectées d'un coefficient de pondération plus faible que si cette logique est « remontante ».

Il est également possible de se donner pour critère l'amélioration de l'accès à la formation de certaines catégories de personnels. Ainsi, un critère « personne n'ayant pas eu accès à la formation (hors formation obligatoire) depuis deux ans ou plus » pourra être doté d'un fort coefficient de pondération.

Le livrable

À l'issue de cette étape, vous disposez de votre avant-projet de plan de formation, chiffré, arbitré et validé. Il convient maintenant de le mettre en forme et de le compléter avec l'ensemble des mentions obligatoires, en vue de procéder à la consultation du comité d'entreprise.

EXEMPLE

Hypothèses et explications des arbitrages de TelConseil

Voici la grille d'arbitrage choisie pour illustrer l'exemple de TelConseil :

Critères (sur 5 points maximum par critère)	Coefficient de pondération
Formation obligatoire au regard de la réglementation (sécurité…)	3
Cohérence avec les orientations	2
Faisabilité au regard de l'organisation du travail	1

Le coût total des formations demandées avant arbitrage est de 193 787 euros.

Après application de la pondération des critères d'arbitrage, le coût prévisionnel global est ramené à 178 124 euros si l'on cumule les formations qui obtiennent la note de 3. Cela permet de rester dans la limite de budget que TelConseil s'est fixée. Les formations qui obtiennent une note inférieure à 3 ne sont donc pas retenues.

D'un point de vue pratique, si vous utilisez Microsoft Excel 2007 : classez par ordre décroissant de notation les données du tableau plan. Sélectionnez ensuite la colonne coût total pour lire sur la ligne en bas à droite de la feuille de calcul le total des cellules sélectionnées (somme : 178 124). Vous pouvez ainsi ajuster la sélection à votre budget disponible et définir les actions de formation à retenir.

Le tableau d'arbitrage de la société TelConseil

service	nom prénom	Axes	libellé formation	organisme	durée heures	cat.	salaire horaire chargé	coût péda gogique HT
			Total habilitation électrique		140			3300
			Total applications web		84			5580
			Total technologies WL		168			6000
WL	PERROT Catherine	1	conduite projet info 2	BIM	14	C1	45	1095
WL	GUICHARD Pierre	1	conduite projet info 2	BIM	14	C1	45	1095
WL	MORIO Jean	1	conduite projet info 2	BIM	21	C1	45	1095
			Total conduite projet info 2		49			3285
WL	RECRUTEMENT 1	1	conduite projet info 1	BIM	21	C1	45	1590
WL	RECRUTEMENT 2	1	conduite projet info 1	BIM	21	C1	45	1590
			Total conduite projet info 1		42			3180
WL	LALEMAND Martin	1	manager équipe à distance	Gossip	21	C1	45	1995
WL	GERARD Philippe	1	manager équipe à distance	Gossip	21	C1	45	1995
WL	LEGRAND Christophe	1	manager équipe à distance	Gossip	21	C1	45	1995
			Total manager équipe à distance		63			5985
			Total méthode consulting		42			3060
WL	RECRUTEMENT 2	2	analyse processus	BCS	21	C1	45	750
WL	RECRUTEMENT 3	2	analyse processus	BCS	21	C1	45	750
WL	RECRUTEMENT 4	2	analyse processus	BCS	21	C1	45	750
WL	RECRUTEMENT 5	2	analyse processus	BCS	21	C1	45	750
WL	RECRUTEMENT 6	2	analyse processus	BCS	21	C1	45	750
WL	RECRUTEMENT 7	2	analyse processus	BCS	21	C1	45	750
			Total analyse processus		126			4500
			Total relation client durable		116			4200
WL	YVIQUEL François	4	entretien pro managers	CapRH	14	C2	45	1070
WL	MOYON Michèle	4	entretien pro managers	CapRH	14	C2	45	1070
WL	BRETECHE Martine	4	entretien pro managers	CapRH	14	C2	45	1070
			Total entretien pro managers		42			3210
			Total management interculturel		63			4770
WL	GUICHARD Pierre	5	anglais commercial	Powerfull	21	C1	45	900
WL	MORIO Jean	5	anglais commercial	Powerfull	21	C1	45	900
WL	DREAN Pierrick	5	anglais commercial	Powerfull	21	C1	45	900
WL	DRENO Lionel	5	anglais commercial	Powerfull	21	C1	45	900
			Total anglais commercial		84			3600
			Total anglais conseil		336			8000
RD	APPEL Aude	3	master services	RMS	900	C2	45	11750
			Total master services		900			11750
RD	SAUVERN Gilles	4	entretien pro managers	CapRH	14	C2	45	1070
			Total entretien pro managers		14			1070
WL	BRETON Bernard	hors axes	outils dévt personnel	Optimis	21	C2	45	1560
WL	BROSSEAU Jean-François	hors axes	outils dévt personnel	Optimis	21	C2	45	1560
WL	BLANDIN Michel	hors axes	outils dévt personnel	Optimis	21	C2	45	1560
			Total outils dévt personnel		63			4680
SG	CHABAUD César	hors axes	comptabilité niveau 2	Chiffrexpert	28	C1	45	2350
			Total comptabilité niveau 2		28			2350
RH	HENN Lise	hors axes	outils dévt personnel	Optimis	21	C2	45	1560
			Total outils dévt personnel		21			1560
RH	LAURIER Nicolas	hors axes	piloter la formation	CapRH	21	C1	45	950
			Total piloter la formation		21			950
			Total général		2402			81030

salaire chargé	frais transport	frais hôtel repas	coût total	H/F	CSP	sem	formation obligatoire 3	cohérence enjeux 2	faisabilité 1	notation
4900	150	230	8580							
3780	400	92	9852							
7560	750	138	14448			critère de pondération 3				
630		23	1748	F	Cadre	S1	0	critère de pondération 2	1	3
630	150	23	1898	H	Cadre	S2	0		1	3
945		23	2063	H	Cadre	S1	0	1	1	3
2205	150	69	5709						critère de pondération 1	
945		23	2558	H	Cadre	S1	0	1		3
945		23	2558	H	Cadre	S2	0	1	1	3
1890	0	46	5116							
945	250	23	3213	H	Cadre	S1	0	1	1	3
945		23	2963	H	Cadre	S2	0	1	1	3
945	350	23	3313	H	Cadre	S1	0	1	1	3
2835	600	69	9489							
1890	400	69	5419		formations retenues 178 124 €					
945		23	1718	H	Cadre	S2	0	1	1	3
945		23	1718	H	Cadre	S2	0	1	1	3
945		23	1718	H	Cadre	S2	0	1	1	3
945		23	1718	H	Cadre	S2	0	1	1	3
945		23	1718	H	Cadre	S2	0	1	1	3
945		23	1718	H	Cadre	S2	0	1	1	3
5670	0	138	10308							
5220	800	184	10404							
630		23	1723	H	Cadre	S2	0	1	1	3
630		23	1723	F	Cadre	S1	0	1	1	3
630	350	23	2073	F	Cadre	S2	0	1	1	3
1890	350	69	5519							
2835	0	69	7674							
945	150	23	2018	H	Cadre	S1	0	1	1	3
945		23	1868	H	Cadre	S1	0	1	1	3
945	150	23	2018	H	Cadre	S1	0	1	1	3
945		23	1868	H	Cadre	S1	0	1	1	3
3780	300	92	7772							
15120	350	368	23838							
40500		23	52273	F	Cadre	S1	0	1	1	3
40500	0	23	52273							
630		23	1723	H	Cadre	S1	0	1	1	3
630	0	23	1723							
945		23	2528	H	Cadre	S1	0	0	1	1
945		23	2528	H	Cadre	S1	0	0	1	1
945		23	2528	H	Cadre	S2	0	0	1	1
2835	0	69	7584							
1260		23	3633	H	Cadre	S2	0	0	1	1
1260	0	23	3633							
945		23	2528	F	Cadre	S2	0	0	1	1
945	0	23	2528							
945		23	1918	H	formations non retenues 31 326 € Cadre	S2	0	0	1	1
945	0	23	1918							
0			0							
106690	4250	1817	193787							

Grille d'arbitrage du plan de formation

Grille arbitrage													

Grille arbitrage
- Notation
- Faisabilité 1 ← critère de pondération 1
- Cohérence/ axes 2 ← critère de pondération 2
- Formation obligatoire 3 ← critère de pondération 3

Plan de formation
- Sem.
- CSP
- H/F
- Coût total
- Frais hôtel repas
- Frais de transport
- Salaire chargé
- Coût péda- gogique HT
- Salaire horaire chargé
- Durée (heures) ← saisir en centièmes, par exemple 3,50 pour une demi-journée
- Organisme
- Libellé de la formation
- Axes
- NOM Prénom
- Service

Consulter le comité d'entreprise sur le plan de formation

POURQUOI ?

La consultation du comité d'entreprise sur le plan de formation est une obligation. À défaut de comité d'entreprise, vous devez consulter les délégués du personnel. Le défaut de consultation est un délit sanctionné par la loi (code du travail, art. L2346-1).

Au-delà de l'obligation légale, la consultation des élus du personnel est un acte important de communication et d'échange à propos d'un élément essentiel de la politique ressources humaines de l'entreprise : sa politique formation.

À savoir La commission formation

Dans les entreprises de 200 salariés et plus, le comité d'entreprise constitue une commission formation.
Cette commission est chargée :
- de préparer les délibérations du comité d'entreprise lors des consultations sur la formation ;
- d'étudier les moyens permettant de favoriser l'expression des salariés en matière de formation et de participer à leur information dans ce domaine ;
- d'étudier les problèmes spécifiques concernant l'emploi et le travail des jeunes et des handicapés.

Source : code du travail, art. L2325-26.

Sur quoi porte la consultation du comité d'entreprise sur le plan de formation?

Dans l'étape n° 1, vous avez préparé votre consultation de CE sur les orientations formation.

Dans cette cinquième étape, il s'agit de préparer les deux réunions de fin d'année sur le plan de formation. Elles sont régies par les articles L2323-34 et suivants du code du travail.

Lors de la première réunion – avant le 30 septembre de l'année en cours –, votre consultation portera sur :

• le réalisé définitif du plan de formation de l'année N–1 ;

• le réalisé provisoire de l'année en cours N ;

• les orientations formation pour l'année à venir N+1. Ces orientations ont déjà fait l'objet d'une consultation précédemment. Suite à cette consultation, elles ont pu être modifiées. Vous devez donc de nouveau consulter sur les orientations, telles qu'elles sont formulées au moment de la première des deux réunions de fin d'année sur la formation.

Lors de la deuxième réunion – avant le 31 décembre de l'année en cours –, votre consultation portera sur :

• le plan de formation prévisionnel de l'année N+1 ;

• éventuellement, le plan de formation pluriannuel si vous en avez élaboré un (code du travail, art. L2323-40).

LES RESSOURCES NÉCESSAIRES

• Pour la première réunion :

– déclaration 2483 de l'année N–1 ;

– bilan définitif des formations de l'année N–1 ;

– suivi des formations de l'année en cours ;

– compte rendu de la réunion du CE sur les orientations formations.

• Pour la deuxième réunion :

– projet de plan de formation pour l'année N+1 ;

– le cas échéant, projet de plan de formation pluriannuel.

LA DÉMARCHE

Première réunion de consultation du comité d'entreprise sur le plan de formation

Préparez votre première réunion

Réunissez les informations nécessaires

Celles-ci sont données par les **articles D2323-5 et D2323-6 du code du travail**. L'employeur communique :

1. Les orientations générales de l'entreprise en matière de formation.

2. Le résultat des négociations sur la formation qui ont abouti à un accord au cours de l'année, dans la branche dont votre entreprise relève ou dans votre entreprise.

3. La déclaration 2483 (déclaration fiscale relative à la participation de l'employeur à la formation professionnelle), ainsi que les informations sur la formation figurant au bilan social.

4. Si votre entreprise a été contrôlée au cours de l'année pour les dépenses qu'elle a imputées sur sa participation à la formation pour les années précédentes : copie des conclusions du service de contrôle.

5. Pour l'année précédente et pour l'année en cours: bilan des actions comprises dans le plan de formation. Ce bilan présente les informations suivantes:

• actions de formation, de bilan de compétences* et de validation des acquis de l'expérience réalisées;

• pour ces actions, informations relatives: aux organismes de formation et aux organismes chargés de réaliser les bilans de compétences; aux conditions d'organisation de ces actions: *inter? intra? interne?*[1]; aux conditions financières de leur exécution: *coûts pédagogiques, coûts de transport et d'hébergement, coûts salariaux*; aux effectifs concernés répartis par catégories socioprofessionnelles *(cadres, employés/techniciens/agents de maîtrise, ouvriers)* et par sexe; à la répartition de ces actions suivant les catégories d'actions au plan (catégories 1, 2, 3, voir *supra*), code du travail, art. L2323-36.

6. Pour l'année antérieure et pour l'année en cours, informations relatives aux congés individuels de formation (CIF), aux congés bilan de compétences, aux congés VAE* et aux congés pour enseignement qui ont été accordés aux salariés de l'entreprise:

• objet, durée et coût de ces congés;

• conditions dans lesquelles ces congés ont été accordés ou reportés;

• résultats obtenus (à l'issue des congés individuels de formation, des CIF, des VAE…).

7. Pour l'année antérieure et l'année en cours, bilan des conditions de mise en œuvre des contrats et des périodes de professionnalisation (art. D2323-6 du code du travail), et notamment:

• conditions d'accueil, d'encadrement et de suivi des personnes en contrat de professionnalisation;

---

1. Les précisions en italique sont ajoutées par les auteurs.

- emplois occupés par les salariés concernés par les contrats ou périodes de professionnalisation, pendant et à l'issue du contrat ou de la période ;
- conditions d'organisation des actions de formation et/ou de suivi ;
- résultats obtenus en fin de contrat ainsi que conditions d'appréciation et de validation ;
- effectifs concernés par âge, sexe et niveau initial de formation.

8. Bilan de la mise en œuvre du droit individuel à la formation.

9. Bilan de l'accueil des enseignants et des conseillers d'orientation.

Pour gagner du temps

Préparez-vous tout au long de l'année !

Un suivi rigoureux et régulier vous permettra sans effort de constituer le dossier à transmettre aux membres du comité d'entreprise.

Mettez en forme et communiquez ces données

Trois semaines avant la date de la réunion, communiquez les données à votre comité d'entreprise et, le cas échéant, à votre commission formation.

Procédez à la première consultation du CE

L'ordre du jour de la réunion doit être déterminé avec le secrétaire du comité d'entreprise. Avant de procéder à la consultation proprement dite, vous présenterez les informations à l'aide d'un support de présentation.

Ce support, reprenant sous forme de synthèse exprimée très visuellement les informations écrites précédemment communiquées, sera remis aux membres du comité d'entreprise.

Une discussion s'ensuivra, lors de laquelle les questions porteront tant sur les informations écrites que sur le support visuel.

À savoir La consultation du comité d'entreprise

Lorsque la discussion s'achève, la personne assurant la présidence du comité d'entreprise devra s'exprimer formellement comme suit : «La direction consulte le comité d'entreprise sur le bilan du réalisé formation pour l'année N et sur le réalisé formation en cours pour l'année N+1.» Après délibération, le comité d'entreprise rendra un avis, qui devra être repris mot pour mot dans le compte rendu du CE. Ce compte rendu est établi sous la responsabilité du secrétaire du CE.

Tirez des enseignements de cette première consultation

À l'issue de la réunion, prenez un temps de réflexion. Quelles préoccupations les questions qui vous ont été posées reflètent-elles ?

Parmi les remarques – quelquefois critiques – qui ont été formulées, certaines méritent sûrement d'être approfondies : elles peuvent concerner le taux d'accès à la formation de certaines catégories de personnel, les difficultés d'adaptation au travail de certains... Quelles conséquences pouvez-vous en tirer pour ajuster votre prévisionnel formation à venir ?

Deuxième réunion de consultation du comité d'entreprise sur le plan de formation

Préparez votre deuxième réunion

Vous allez devoir préparer en amont votre deuxième réunion de consultation de fin d'année.

Réunissez les informations nécessaires

Elles sont données par les **articles D2323-5 et D2323-6 du code du travail**. L'employeur communique le plan de formation de l'entreprise et les conditions d'accueil, d'insertion et de formation des jeunes, pour l'année à venir, comportant respectivement les informations suivantes :

* actions de formation, de bilan de compétences et de validation des acquis de l'expérience prévues l'année suivante ;

* pour ces actions, informations relatives :

    – aux organismes de formation et aux organismes chargés de réaliser les bilans de compétences,

    – aux conditions d'organisation de ces actions : *inter? intra? interne*[1] *?*

    – aux conditions financières de leur exécution : *coûts pédagogiques, coûts de transport et d'hébergement, coûts salariaux,*

    – aux effectifs concernés répartis par catégories socioprofessionnelles (*cadres, employés/techniciens/agents de maîtrise, ouvriers*) et par sexe,

    – à la répartition de ces actions suivant les catégories d'actions au plan ;

---

1. Les précisions en italique sont ajoutées par les auteurs.

- prévisions en matière de contrats et de périodes de professionnalisation ;
- consultation sur la mise en œuvre du droit individuel à la formation pour l'année suivante.

Mettez en forme et communiquez ces données

Trois semaines avant la date de la réunion, communiquez les données à votre comité d'entreprise et, le cas échéant, à votre commission formation. Pour ce faire, vous utiliserez le même support de présentation que pour la réunion précédente, mais avec les informations relatives à vos prévisions pour l'année suivante.

Procédez à la deuxième consultation du CE

La détermination de l'ordre du jour et le déroulement de la réunion seront les mêmes que précédemment. La consultation portera sur le plan prévisionnel de formation pour l'année suivante.

À savoir Quel est l'impact d'un avis négatif du CE ?

Le comité d'entreprise n'a, en matière de formation, qu'un rôle consultatif. Un avis négatif n'empêche donc pas le plan de formation d'être mis en œuvre comme prévu initialement. Cela ne veut pas dire qu'il ne faut pas en tirer des conséquences.
Trop souvent, la consultation du CE n'est que purement formelle. Ne confondez pas «critique» et «opposition de principe»! La critique est bonne à prendre, elle met souvent l'accent sur des points de vigilance, des éléments de diagnostic des situations de terrain qui méritent d'être pris en compte pour affiner le cahier des charges des actions de formation.

LES FACTEURS CLÉS DE SUCCÈS

Soyez lisible

Un dialogue constructif ne peut pas s'engager sur des informations peu lisibles, rassemblées dans un tableau au format de police 8! Les documents communiqués au CE sont des supports de communication: soignez la présentation, facilitez-en la lecture et l'interprétation en les illustrant à l'aide de graphiques.

Soyez pédagogue

N'hésitez pas à expliciter les moyens d'accès à la formation : le plan et ses catégories d'actions, le DIF, le CIF... En cas de divergence d'interprétation, vérifiez votre position d'un point de vue juridique et explicitez cette vérification.

Mettez en valeur votre politique formation

Trop souvent, la consultation du CE se fait sur le mode défensif de la justification. Or, votre présentation doit valoriser votre politique formation, cet aspect important de toute politique ressources humaines, mettre l'accent sur le lien des actions menées avec les besoins collectifs de l'entreprise et les besoins des personnes.

VOS OUTILS

• Un support détaillé, pour les informations transmises trois semaines avant chaque réunion.

Ce que l'on doit y trouver: au moins toutes les informations légalement exigées et, le cas échéant, des informations supplémentaires.

- Un support visuel de présentation, utilisé en réunion de consultation (voir reproduction d'une présentation PowerPoint dans l'exemple *infra*).

Ce que l'on doit y trouver: les informations précédemment communiquées reprises en synthèse sous forme visuelle (graphiques, schémas…).

LES LIVRABLES

Ils seront constitués des deux comptes rendus du CE, établis sous la responsabilité du secrétaire.

Présentation du plan de formation de TelConseil au CE

1. Les informations suivantes sont **envoyées au CE** de TelConseil avant la deuxième réunion de consultation de fin d'année.

Orientations formation pour l'année à venir

Pour accompagner l'atteinte des objectifs stratégiques et opérationnels qu'elle s'est fixés, l'entreprise TelConseil a défini cinq orientations formation pour l'année N+1. Celles-ci ont fait l'objet d'une consultation du CE le 15 juin N.

1. Accompagner les évolutions techniques.

2. Professionnaliser notre pratique du métier de consultant.

3. Déployer la nouvelle approche commerciale.

4. Renforcer le leadership des managers et leur capacité à développer les compétences de leurs équipes.

5. Maîtriser les langues, et en particulier l'anglais.

Dépenses prévisionnelles de formation au titre du plan de formation

Par orientation

Orienta-tions for-mation	Heures de formation		Heures de formation			Total heures par orientation
	Hommes	Femmes	Ouvriers	Employés/techniciens/ agents de maîtrise	Cadres	
Orientation 1	210	196			406	406
2	154	14			168	168
3	58	958			1 016	1 016
4	49	70			119	119
5	357	63			420	420
Sécurité	84	56	140			140
TOTAL	912	1 357	140		2 129	2 269

Par catégorie d'actions

Catégorie 1 = Adaptation au poste de travail. Anticipation des évolutions de l'emploi.

Catégorie 2 = Développement des compétences.

Catégories	Heures de formation		Heures de formation			Total par catégorie d'actions
	Hommes	Femmes	Ouvriers	Employés/techniciens/ agents de maîtrise	Cadres	
Catégorie 1	805	329		140	994	1 134
Catégorie 2	107	1 028			1 135	1 135
TOTAL	912	1 357		140	2 229	2 269

Par service

Service	Heures de formation		Heures de formation			Total par service
	Hommes	Femmes	Ouvriers	Employés/techniciens/ agents de maîtrise	Cadres	
RD	14	900			914	914
ST	84	56		140		140
WL	814	401			1 215	1 215
TOTAL	912	1 357		140	2 129	2 269

Par sexe et par catégorie socioprofessionnelle des personnes inscrites au plan de formation

Personnes formées			
Hommes	% hommes formés/effectif hommes	Femmes	% femmes formées/effectif femmes
40	75 %	16	80 %

Personnes formées							
Ouvriers	% ouvriers formés/ effectif ouvriers	Employés/tech- niciens/agents de maîtrise (ETAM)	% ETAM formés/ effectif ETAM	Cadres	% cadres formés/ effectif cadres	Total	% effectif formé/ effectif total
		10	90 %	46		56	85 %

Ventilation prévisionnelle des coûts des formations réalisées au titre du plan (extrait)

Libellé de la formation	Type de formation	Organisme	Durée (heures)	Modalité	Cat.	Salaire horaire chargé	Coût pédagogique HT	Salaire chargé	Frais de transport	Frais hôtel repas	Coût total	HF	CSP	Sem
analyse processus	PLAN	.	21	intra	C1	45	750	945		23	1718	H	Cadre	S2
analyse processus	PLAN	BCS	21	intra	C1	45	750	945		23	1718	H	Cadre	S2
analyse processus	PLAN	BCS	21	intra	C1	45	750	945		23	1718	H	Cadre	S2
analyse processus	PLAN	BCS	21	intra	C1	45	750	945		23	1718	H	Cadre	S2
analyse processus	PLAN	BCS	21	intra	C1	45	750	945		23	1718	H	Cadre	S1
anglais commercial	PLAN	Powerfull	21	intra	C1	45	900	945	150	23	2018	H	Cadre	S1
anglais commercial	PLAN	Powerfull	21	intra	C1	45	900	945		23	1868	H	Cadre	S1
anglais commercial	PLAN	Powerfull	21	intra	C1	45	900	945		23	1868	H	Cadre	S1
anglais conseil	PLAN	Angloconsult	21	intra	C1	45	500	945		23	1468	H	Cadre	S1
anglais conseil	PLAN	Angloconsult	21	intra	C1	45	500	945		23	1468	H	Cadre	S1
anglais conseil	PLAN	Angloconsult	21	intra	C1	45	500	945		23	1468	H	Cadre	S1
anglais conseil	PLAN	Angloconsult	21	intra	C1	45	500	945		23	1468	F	Cadre	S1
anglais conseil	PLAN	Angloconsult	21	intra	C1	45	500	945	350	23	1818	H	Cadre	S2
anglais conseil	PLAN	Angloconsult	21	intra	C1	45	500	945		23	1468	H	Cadre	S2
anglais conseil	PLAN	Angloconsult	21	intra	C1	45	500	945		23	1468	H	Cadre	S2
anglais conseil	PLAN	Angloconsult	21	intra	C1	45	500	945		23	1468	F	Cadre	S2
anglais conseil	PLAN	Angloconsult	21	intra	C1	45	500	945		23	1468	F	Cadre	S2
anglais conseil	PLAN	Angloconsult	21	intra	C1	45	500	945		23	1468	H	Cadre	S2
applications web	PLAN	Telweb	21	inter	C1	45	1395	945	250	23	2613	F	Cadre	S2
applications web	PLAN	Telweb	21	inter	C1	45	1395	945	150	23	2513	H	Cadre	S1
applications web	PLAN	Telweb	21	inter	C1	45	1395	945		23	2363	F	Cadre	S2
conduite projet info 1	PLAN	BIM	14	inter	C1	45	1590	630		23	2243	H	Cadre	S2
conduite projet info 1	PLAN	BIM	14	inter	C1	45	1590	630		23	2243	F	Cadre	S1
conduite projet info 2	PLAN	BIM	14	inter	C1	45	1095	630	150	23	1898	H	Cadre	S2
conduite projet info 2	PLAN	BIM	14	inter	C1	45	1095	630		23	1748	F	Cadre	S1
conduite projet info 2	PLAN	BIM	14	inter	C1	45	1095	630		23	1748	F	Cadre	S2
entretien pro managers	PLAN	CapRH	14	inter	C2	45	1070	630	350	23	2073	F	Cadre	S2
entretien pro managers	PLAN	CapRH	14	inter	C2	45	1070	630		23	1723	F	Cadre	S1
entretien pro managers	PLAN	CapRH	14	inter	C2	45	1070	630		23	1723	F	Cadre	S2
entretien pro managers	PLAN	CapRH	14	inter	C2	45	1070	630		23	1723	H	Cadre	S1
habilitation électrique	PLAN	Alatel	14	intra	C1	35	330	490		23	843	H	ETAM	S2
habilitation électrique	PLAN	Alatel	14	intra	C1	35	330	490		23	843	H	ETAM	S2
habilitation électrique	PLAN	Alatel	14	intra	C1	35	330	490		23	843	F	ETAM	S2
habilitation électrique	PLAN	Alatel	14	intra	C1	35	330	490	150	23	993	H	ETAM	S2
habilitation électrique	PLAN	Alatel	14	intra	C1	35	330	490		23	843	H	ETAM	S1
habilitation électrique	PLAN	Alatel	14	intra	C1	35	330	490		23	843	H	ETAM	S2
habilitation électrique	PLAN	Alatel	14	intra	C1	35	330	490		23	843	F	ETAM	S2
habilitation électrique	PLAN	Alatel	14	intra	C1	35	330	490		23	843	H	ETAM	S2
management interculturel	PLAN	Powerfull	21	inter	C2	45	1590	945		23	2558	H	Cadre	S1
management interculturel	PLAN	Powerfull	21	inter	C2	45	1590	945		23	2558	F	Cadre	S1
management interculturel	PLAN	Powerfull	21	inter	C2	45	1590	945		23	2558	F	Cadre	S2
manager équipe à distance	PLAN	Gossip	21	inter	C1	45	1995	945		23	2963	H	Cadre	S2
manager équipe à distance	PLAN	Gossip	21	inter	C1	45	1995	945	250	23	3213	H	Cadre	S1
manager équipe à distance	PLAN	Gossip	21	inter	C2	45	1995	945	350	23	3313	H	Cadre	S2
master services	DIF	RMS	900	inter	C2	45	11750	40500	350	23	52273	H	Cadre	S1

Autres actions prévues

- Bilans de compétences, VAE* (effectifs concernés).
- Organismes prévus.
- Modalités de réalisation (plan, DIF, congé bilan de compétences ou congé VAE).
- Coûts prévisionnels.

Modalités de mise en œuvre du DIF

- Priorités DIF ; processus de demande de DIF dans l'entreprise, budget prévisionnel alloué au DIF.

2. Les tableaux et graphiques suivants seront présentés en séance avant de recueillir l'avis du CE.

Présentation du plan de formation N+1 – TelConseil

- **Une répartition équilibrée** du plan N+1
entre les formations **d'adaptation au poste de travail**
(intégration de nouveaux consultants)
et les actions de développement des compétences
(montée en expertise des consultants seniors)

Durée en heures	catégories		
orientations formation	C1	C2	Total
1	406		406
2	168		168
3		1016	1016
4		119	119
5	420		420
sécurité	140		140
Total	1134	1135	2269

• **Le budget plan de formation de N+1 :**
178 K€, soit 1,18 % de la masse salariale.
Ce chiffre est à comparer à l'obligation légale qui est de 0,9 %.

Répartition du budget global (178 K€) par type de coûts

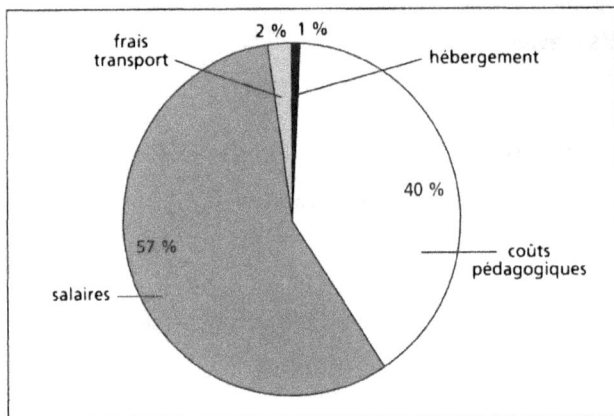

frais
transport
2 % 1 %
hébergement

40 %

57 %
coûts
pédagogiques

salaires

• **Modalités :**
Les formations sont réalisées en inter ou en intra-entreprise

d'où la part élevée des coûts pédagogiques dans le budget global : 40 %

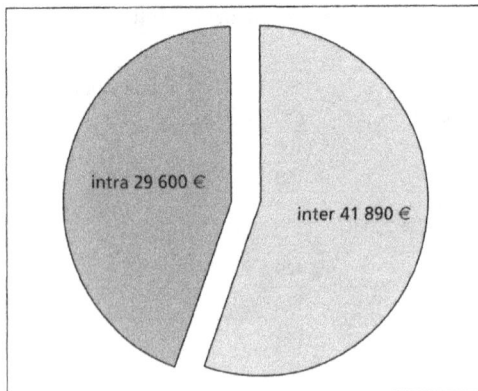

intra 29 600 €

inter 41 890 €

• Allocation de moyens aux différents axes cohérente
par rapport à leur impact attendu pour l'entreprise :
  – accompagner les évolutions techniques ;
  – déployer la nouvelle approche commerciale.

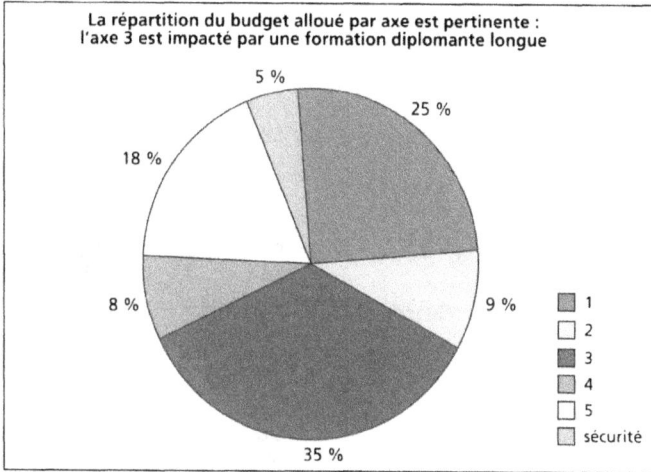

**La répartition du budget alloué par axe est pertinente :
l'axe 3 est impacté par une formation diplomante longue**

5 %
25 %
18 %
8 %
9 %
35 %

1
2
3
4
5
sécurité

• Répartition des actions entre CSP et hommes/femmes

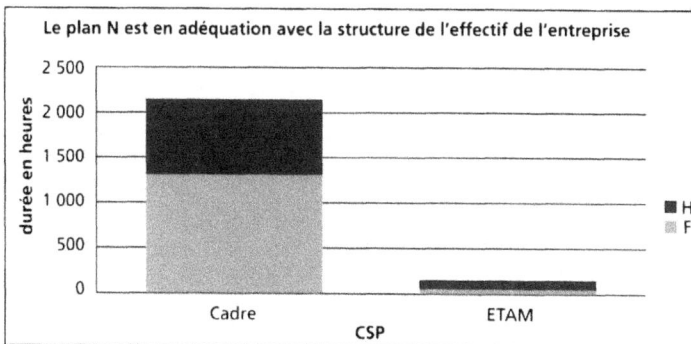

Le plan N est en adéquation avec la structure de l'effectif de l'entreprise

durée en heures

2 500
2 000
1 500
1 000
500
0

Cadre   ETAM

CSP

H
F

© Groupe Eyrolles

MATRICE

Présentation du plan de formation au CE

Les informations suivantes sont envoyées au CE de .... avant la deuxième réunion de consultation de fin d'année.

Orientations formation pour l'année à venir

Dépenses prévisionnelles de formation au titre du plan de formation

Par orientation

Orientations formation	Heures de formation		Heures de formation			Total heures par orientation
	Hommes	Femmes	Ouvriers	Employés/techniciens/agents de maîtrise	Cadres	
Orientation						
...						
TOTAL						

Par catégorie d'actions

Catégorie 1 = Adaptation au poste de travail. Anticipation des évolutions de l'emploi.

Catégorie 2 = Développement des compétences.

Catégories	Heures de formation		Heures de formation			Total par catégorie d'actions
	Hommes	Femmes	Ouvriers	Employés/techniciens/agents de maîtrise	Cadres	
Catégorie 1						
Catégorie 2						
TOTAL						

Par service

Service	Heures de formation			Heures de formation		Total par service
	Hommes	Femmes	Ouvriers	Employés/techni-ciens/agents de maîtrise	Cadres	
Service…						
TOTAL						

Par sexe et par catégorie socioprofessionnelle
des personnes inscrites au plan de formation

Personnes formées				
Hommes	% hommes formés/effectif hommes		Femmes	% femmes formées/effectif femmes

Personnes formées								
Ouvriers	% ouvriers formés/ effectif ouvriers	Employés/ techniciens/ agents de maîtrise (ETAM)	% ETAM formés/ effectif ETAM	Cadres	% cadres formés/ effectif cadres	Total	% effectif formé/ effectif total

Ventilation prévisionnelle des coûts
des formations réalisées au titre du plan

Libellé de la formation	Type de formation	Organisme	Durée (heures)	Modalité	Cat.	Salaire horaire chargé	Coût pédagogique HT	Salaire chargé	Frais de transport	Frais hôtel repas	Coût total	H/F	CSP	Sem.

Autres actions prévues

- Bilans de compétences, VAE* (effectifs concernés).
- Organismes prévus.
- Modalités de réalisation (plan, DIF, congé bilan de compétences ou congé VAE).
- Coûts prévisionnels.

Modalités de mise en œuvre du DIF

- Priorités DIF ; processus de demande de DIF dans l'entreprise, budget prévisionnel alloué au DIF.

Prévisions en matière de contrats et périodes de professionnalisation

	Action de formation	Organisme de formation	Certification visée	Certification obtenue	Âge	Sexe	Niveau initial de formation	Emploi occupé pendant le contrat ou la période	Emploi occupé après le contrat ou la période
Contrats de professionnalisation									
Périodes de professionnalisation									

- Conditions d'accueil, d'encadrement et de suivi des personnes en contrat de professionnalisation (exemple : tutorat...).

Préparer la mise en œuvre du plan de formation

POURQUOI ?

Cette sixième et dernière étape est importante pour deux raisons :

- elle permet de donner un retour d'information aux acteurs que vous avez sollicités pour la construction du plan de formation, et plus particulièrement aux managers et aux salariés ;

- elle est nécessaire pour une mise en œuvre du plan rapide dès les premiers jours de janvier, chacun connaissant son rôle dans le processus d'inscription à la formation.

Pour gagner du temps

Préciser le rôle de chacun dans l'organisation des actions de formation

Il n'est pas rare de constater un mauvais taux de réalisation du plan. Cela est souvent dû au fait que l'étape de communication aux managers des formations à mettre en place pour leurs collaborateurs est négligée. Services opérationnels et service formation attendent chacun que l'initiative soit prise par l'autre pour l'inscription ou la mise en place des formations. La communication des plans de formation des services devra donc s'accompagner d'une explication du rôle de chacun dans la phase de mise en œuvre.

Sur quoi porte la communication sur le plan de formation aux services opérationnels?

Nous avons déjà vu que le plan de formation n'est pas une liste d'actions de formation. Les étapes de communication sont importantes et elles prendront des formes différentes selon les acteurs visés:

- communication au comité d'entreprise en vue de la consultation (étape n° 5);

- communication aux responsables opérationnels. Ceux-ci doivent connaître les actions retenues, les actions non validées et les raisons de cet arbitrage, ainsi que le calendrier prévisionnel de mise en œuvre;

- communication aux salariés eux-mêmes afin de les informer des formations qu'ils suivront et de les impliquer en amont sur les enjeux opérationnels de chaque action.

LES RESSOURCES NÉCESSAIRES

- Le plan de formation nominatif par service pour les managers détaillant le calendrier prévisionnel de réalisation (semestre 1 ou 2, par exemple).

- Le processus d'inscription, indiquant la responsabilité de chaque partie prenante aux différentes phases: inscription auprès du prestataire externe, diffusion des convocations, réservations pour les déplacements...

À savoir **La formation est un processus qui s'inscrit dans le temps**

Se former, ce n'est pas seulement partir suivre un stage! L'impact de la formation et la motivation des collaborateurs seront d'autant plus importants que la communication amont sera soignée par les managers. Elle consiste à échanger avec le collaborateur sur les objectifs opérationnels et les attentes ou actions à mener au retour de formation.

Selon les médias de communication interne de l'entreprise, cette phase se fera en s'appuyant sur l'envoi d'e-mails, un intranet, des correspondants formation ou l'affichage (par exemple, dans les unités de production, les ateliers…).

Selon l'organisation interne et l'implication des managers en matière de formation, la communication pourra se faire directement auprès des salariés. Toutefois il est important de développer cette capacité des managers à jouer leur rôle de développeurs de compétences.

LA DÉMARCHE

Elle consiste à informer les managers du plan de formation nominatif de leurs services.

Communiquez les informations nécessaires

Ce sont les plans de formation par service qui permettront aux managers de transmettre les informations à leurs collaborateurs. Ils pourront ainsi faire redescendre l'information auprès des salariés, leur préciser les modalités d'inscription ou d'organisation des formations. C'est à eux également qu'il appartient de rappeler au salarié, avant son départ en formation, les objectifs opérationnels assignés à l'action.

Assurez-vous que l'information est bien transmise. N'attendez pas un trimestre pour constater que l'information n'a pas été relayée correctement.

Suivez le taux de mise en œuvre des sessions de formation

C'est l'indicateur qui vous permettra de vous assurer que le plan se met en œuvre et que les actions sont programmées.

LES FACTEURS CLÉS DE SUCCÈS

Partez à temps

Dès réalisation de l'étape n° 5 de consultation du CE, votre plan peut être diffusé largement dans l'entreprise. C'est aussi une façon de valoriser votre politique formation et de faire du marketing RH. Aussi, n'attendez pas et communiquez dès la fin de l'année ou tout début janvier.

TÉMOIGNAGE

Évelyne Stephan, responsable formation de Santé Service :

« Je fais un retour auprès des managers une fois que la consultation du comité d'entreprise a été effectuée : je leur présente le plan de formation et je leur restitue les fiches de demandes individuelles qu'ils avaient visées lors des entretiens annuels, avec la réponse. »

Accompagnez les managers

Lorsque vous communiquez le plan, rappelez aux managers les orientations formation et les critères d'arbitrage qui ont pu être appliqués. Cela leur donnera des éléments d'explication des éventuels refus de souhaits de formation de leurs collaborateurs.

Formez les managers sur les dispositifs de formation afin qu'ils puissent conseiller les salariés et les orienter vers les dispositifs de formation les plus adaptés à leurs demandes (DIF, CIF).

Impliquez les managers dans le choix et l'évaluation des actions de formation à venir

Vous êtes au bout du processus d'élaboration du plan… bravo ! Et pourtant tout ne fait que commencer !

Pour que les actions de formation qui se réaliseront en définitive soient efficaces, il vous faudra en permanence associer les responsables opérationnels à la mise en œuvre du plan. Pour chaque action de formation, assurez-vous de l'engagement des responsables opérationnels : sans accompagnement à son retour de formation, le salarié ne pourra réinvestir dans son travail qu'une petite partie des acquis…

Pour cela, au moins pour les actions qui représentent un enjeu important, associez les responsables à l'élaboration du cahier des charges de chaque formation.

TÉMOIGNAGE

Évelyne Stephan, responsable formation de Santé Service :

« Je travaille en collaboration avec les organismes de formation, principalement un organisme spécialisé dans le domaine de la santé. Après les formations, nous faisons le point sur les évaluations de satisfaction*, et nous prenons des actions correctives si nécessaire. Pour chaque action de formation, je fais un rapport à partir des questionnaires d'évaluation, que je communique aux managers. Je leur communique aussi les feuilles d'évaluation de satisfaction renseignées par les salariés de leur service. Je les mobilise également à chaud et pour l'évaluation du transfert des acquis de formation*. Il faut être en permanence sur le qui-vive pour impliquer les managers, présence et réactivité sont nécessaires. »

VOS OUTILS

- Les plans de formation par service.
- Le processus d'inscription ou d'organisation des sessions de formation.

LES LIVRABLES

- Un calendrier par service.
- Éventuellement : une confirmation du calendrier annuel de formation de chaque participant.

Et après… la mise en œuvre du plan commence !

Pour gagner du temps

Lancez sans tarder les consultations des organismes de formation

L'année civile comporte douze mois... mais combien de semaines réellement propices à la réflexion et à la co-construction. Après le mois de mai et ses ponts viennent les mois d'été et leurs vacances. En septembre, les responsables opérationnels sont absorbés par leur « rentrée », et en décembre il est vite trop tard... Donnez-vous un point de repère : lancez avant fin avril la préparation des actions de formation à fort enjeu, surtout celles qui nécessitent un travail collaboratif de construction du cahier des charges et la consultation de prestataires extérieurs.

TÉMOIGNAGE

Évelyne Stephan, responsable formation de Santé Service :

« Ce que je préfère dans mon métier, c'est la conception des formations. Le plan est validé. Maintenant il faut bâtir la formation, les objectifs, construire la formation de A à Z. »

EXEMPLE

Communication au manager du service RD de TelConseil

Vous trouverez ci-dessous les actions du plan de formation retenues pour votre équipe.

Nous vous remercions de vous rapprocher du service RH/formation de TelConseil afin de programmer les formations du premier semestre.

Plan de formation RD												
Service	NOM Prénom	Axes	Libellé de la formation	Type de formation	Organisme	Durée (heures)	Dont durée HTT	Modalité	Cat.	H/F	CSP	Sem.
RD	APPEL Aude	3	Master services	DIF	RMS	900		inter	C3	F	Cadre	S1
RD	SAUVERN Gilles	4	Entretien pro managers	PLAN	CapRH	14		inter	C3	H	Cadre	S1

Communication à un salarié de TelConseil

Vous trouverez ci-dessous votre plan de formation individuel.

Nous vous remercions de vous rapprocher de votre manager afin de programmer les formations prévues au premier semestre.

Plan de formation, Mme Durand												
Service	NOM Prénom	Axes	Libellé de la formation	Type de formation	Organisme	Durée (heures)	Dont durée HTT	Modalité	Cat.	H/F	CSP	Sem.
WL	DURAND Corinne	1	Technologies WL	PLAN	WlformationS	28		intra	C1	F	Cadre	S1
WL	DURAND Corinne	3	Relation client durable	PLAN	Cliantel	14,5		intra	C3	F	Cadre	S1

Conclusion

Dans notre société moderne, complexe et mouvante, apprendre tout au long de la vie est devenu un enjeu majeur.

Enjeu pour les entreprises, qui demandent à leurs salariés non plus seulement une bonne maîtrise des tâches à effectuer, mais aussi de l'autonomie dans la résolution des problèmes, une capacité d'anticipation des actions à mener, une mobilité fonctionnelle...

Enjeu pour les individus : nul ne peut, à l'issue de sa formation initiale, et quel que soit le prestige de celle-ci, se dire qu'il a son « bagage pour la vie ».

La vie professionnelle de chacun est désormais parsemée de virages, voire de brusques ruptures.

Chacun doit s'appuyer sur les compétences qu'il a construites progressivement, sans cesser d'en développer de nouvelles. Il lui incombe en partie d'enrichir son « portefeuille de compétences », en d'autres termes de chercher à apprendre en permanence, au travail, en situation professionnelle et ailleurs...

Renvoi de la responsabilité sur l'individu, certes, mais seulement partiellement. « Apprendre tout au long de la vie » nécessite de bonnes capacités cognitives, et surtout relève d'un comportement. Notre apprenant devrait ainsi déterminer seul son projet de formation, vérifier qu'il est en phase avec les enjeux de l'entreprise, le négocier avec son manager, comprendre et synthétiser rapidement les apports de la formation... Puis se projeter de lui-même dans le réinvestissement des acquis en situation professionnelle, partager ses connaissances, capitaliser son « portefeuille compétences »... Beaucoup n'en sont pas là et ont besoin d'être accompagnés.

Se mettre en projet d'apprendre, éventuellement « réapprendre à apprendre », faire le lien entre la formation et ce qui est attendu au travail : le rôle du responsable formation est de veiller à ce que ces étapes soient facilitées, en particulier pour les personnes les plus fragiles, au regard des exigences contemporaines du travail.

La manière dont le responsable formation pilote le processus d'élaboration du plan sera à cet égard déterminante.

La « mise en projet d'apprentissage » sera facilitée par des orientations claires, porteuses de sens. Mais aussi par une procédure de recueil des besoins individuels bien menée, qui n'oublie personne, et par une offre de formation qui puisse rejoindre chacun dans ce qui « fait levier » pour le placer dans une dynamique d'apprentissage.

La « remise en route » de démarches cognitives peut passer par la proposition d'ateliers *ad hoc*, conduits par des experts. Les entreprises qui ont mené de telles actions ont été surprises par leur impact : remise en confiance, plaisir d'apprendre retrouvé, nouveau départ vers des formations qualifiantes...

Le lien entre la formation et ce qui est attendu au travail passe donc par l'étroite collaboration entre le responsable formation et les responsables opérationnels : lors de la phase de recueil des besoins, mais aussi lors de l'élaboration du cahier des charges précis de la formation. L'engagement des managers est indispensable, car eux seuls peuvent accompagner le salarié dans le réinvestissement des acquis de formation en situation professionnelle.

L'élaboration du plan de formation, processus clé, doit donc refléter tout ce que le responsable formation a envie de faire de son métier. Pour l'illustrer, donnons le dernier mot à Cécile M'Kavavo, responsable formation de l'hôtel Royal-Monceau :

« C'est un métier très porteur, ouvert à la connaissance et à plus de choses encore. Nous apportons de la transmission, de l'échange, du bien-être aux salariés. »

Glossaire

Allocation formation

Toute heure de formation réalisée hors temps de travail donne lieu au versement d'une allocation formation, égale à la moitié du salaire net horaire moyen du salarié (code du travail, art. D6321-5 et D6321-6). *Voir aussi « Formation hors temps de travail ».*

Bilan de compétences

« Le bilan de compétences permet à des travailleurs d'analyser leurs compétences professionnelles et personnelles, leurs aptitudes et leurs motivations, afin de définir un projet professionnel et, le cas échéant, un projet de formation » (code du travail, art. L6313-1).

« Le bilan de compétences ne peut être réalisé qu'avec le consentement du salarié. Le refus d'un salarié de consentir à un bilan de compétences ne constitue ni une faute ni un motif de licenciement » (code du travail, art. L6313-10).

Tout salarié âgé de 45 ans, ou ayant au moins vingt ans d'ancienneté professionnelle, a droit, s'il le demande, à un bilan de compétences (accord interprofessionnel sur l'emploi des seniors signé le 9 mars 2006).

Le bilan doit être réalisé par un organisme figurant sur une liste arrêtée par l'Opacif ou le Fongecif.

Les différentes phases du bilan	Objet
Phase préliminaire	– Confirmer l'engagement du salarié dans sa démarche. – Définir et analyser la nature de ses besoins. – L'informer des conditions de déroulement du bilan de compétences, ainsi que des méthodes et techniques mises en œuvre.

Les différentes phases du bilan	Objet
Phase d'investigation	Elle permet au bénéficiaire : – d'analyser ses motivations et intérêts professionnels et personnels ; – d'identifier ses compétences et aptitudes professionnelles et personnelles et, le cas échéant, d'évaluer ses connaissances générales ; – de déterminer ses possibilités d'évolution professionnelle.
Phase de conclusion par voie d'entretiens personnalisés	Elle permet au bénéficiaire : – de prendre connaissance des résultats détaillés de la phase d'investigation ; – de recenser les facteurs susceptibles de favoriser ou non la réalisation d'un projet professionnel et, le cas échéant, d'un projet de formation ; – de prévoir les principales étapes de la mise en œuvre de ce projet.
Présentation au bénéficiaire d'un document de synthèse (code du travail, art. L6313-10)	

La personne qui a bénéficié d'un bilan de compétences est seule destinataire des résultats détaillés et du document de synthèse. Ils ne peuvent être communiqués à un tiers qu'avec son accord.

Le bilan de compétences peut être réalisé :

- à l'initiative du salarié dans le cadre du DIF ;

- à l'initiative de l'employeur, avec l'accord du salarié, dans le cadre du plan de formation. Dans ce cas, l'action de bilan de compétences fera l'objet d'une convention tripartite, signée par le salarié, l'entreprise et l'organisme intervenant dans le processus de validation des acquis de l'expérience (code du travail, art. R900-3). La convention peut devenir quadripartite lorsqu'un OPCA participe à la prise en charge financière du bilan (circ. n° 93-13 du 19 mars 1993 du ministère chargé de la Formation professionnelle) ;

- à l'initiative du salarié, dans le cadre du congé bilan de compétences. Dans ce cas, l'action de bilan de compétences fera l'objet d'une convention tripartite, signée par le salarié, le Fongecif ou l'Opacif et l'organisme intervenant dans le processus de validation des acquis de l'expérience (code du travail, art. R900-3). C'est le Fongecif (ou l'Opacif) qui prendra en charge le coût du bilan et les rémunérations pendant la durée du congé bilan de compétences (24 heures maximum, consécutives ou non).

Budget formation

Il est constitué par l'ensemble des sommes consacrées par l'entreprise à la formation de ses salariés : coûts pédagogiques, salaires des salariés en formation et charges sociales correspondantes, allocation formation pour les formations réalisées hors temps de travail, frais de transport et d'hébergement.

Pour être exhaustif et donner la véritable mesure de l'effort formation de l'entreprise, on peut aussi valoriser les coûts salariaux des personnes affectées au management et à l'administration de la formation dans l'entreprise, ainsi que les investissements et les dépenses de consommables rattachés à la formation.

Le budget formation englobe donc **toutes les dépenses** affectées à la formation, qu'elles soient réalisées au titre du plan ou au titre du DIF. Il ne se confond pas avec la somme des dépenses imputables au titre de la formation professionnelle continue (cf. « Imputabilité des dépenses de formation »), qui en sont un sous-ensemble.

Catégorie d'actions de formation (au plan de formation)

La loi prévoit que le plan de formation distingue des catégories d'actions (code du travail, art. L6321-2, L6321-3 *et sq.*, L6321-6). L'article 5 du projet de loi relatif à l'orientation et la formation professionnelle tout au long de la vie prévoit le regroupement suivant :

- **actions de catégorie 1.** Elles peuvent avoir deux finalités :

  - l'adaptation du salarié au poste de travail. Ces actions ont une temporalité « court terme » : il s'agit d'adapter le salarié à ses besoins d'aujourd'hui au regard de son poste de travail actuel. Elles ont souvent une faible transférabilité : par exemple, la formation à un progiciel spécifique à l'entreprise sera difficilement réinvestie par le salarié dans un autre emploi. Notons que « l'employeur est obligé d'adapter les salariés aux exigences de leur poste de travail » : cette obligation est prévue par la loi de mai 2004 sur la formation, et régulièrement confirmée par la jurisprudence,

– l'anticipation des évolutions de l'emploi, ou le maintien dans l'emploi des salariés. Ces actions ont une temporalité « court-moyen terme » : il s'agit d'aider le salarié à « maintenir son employabilité », parce que son emploi actuel va disparaître ou parce qu'il va évoluer et nécessiter de nouvelles compétences. Elles ont souvent une bonne transférabilité, précisément parce que les acquis de formation ont vocation à être transférés dans de nouvelles situations de travail. Ce sera, par exemple, une formation à un emploi de « front office », pour un agent bancaire dont l'emploi de « back office » est supprimé ;

• **actions de catégorie 2.** Elles ont pour objet le développement des compétences des salariés (art. L6321-6). Ces actions ont une temporalité « court-moyen-long terme », elles participent à la progression professionnelle des salariés concernés. Ce sera, par exemple, une formation d'ingénieur pour un technicien.

Classe virtuelle

La classe virtuelle est une situation d'apprentissage à distance en mode synchrone : le formateur et les participants entrent en communication simultanément et communiquent verbalement et visuellement. Animateurs et apprenants se trouvent au même moment en des lieux différents.

Les interactions entre participants sont animées par différents moyens : PowerPoint, échanges d'outils, dialogues, sondages, exposés…

Compétence

Nous reprenons ici l'approche de Guy Le Boterf dans *Construire les compétences individuelles et collectives* (Éditions d'Organisation, 2004).

Une personne « agit avec compétence » si elle sait combiner et mobiliser un ensemble de ressources pertinentes (connaissances, savoir-faire, qualités, capacité de mobiliser des informations, un réseau de relations…) pour gérer un ensemble de situations professionnelles – chacune d'entre elles étant définie par une activité clé à laquelle sont associées des exigences professionnelles (ou critères de réalisation de l'activité) – afin de produire des résultats (services, produits) satisfaisant à certains critères de performance pour un destinataire.

Compétence individuelle

Se poser la question de la compétence individuelle lorsque l'on explore les besoins de formation, c'est rechercher les ressources nécessaires à la maîtrise des activités qui sont éventuellement insuffisamment maîtrisées par les salariés. Cette insuffisance peut résulter d'un manque de connaissances, de savoir-faire, ou d'un manque d'entraînement à combiner de façon appropriée les ressources dans l'action. La « solution formation » devra donc tout autant porter sur l'apport du savoir manquant que sur l'entraînement à le mobiliser en situation.

Compétence collective

Ainsi que l'écrit Guy Le Boterf dans *Ingénierie et évaluation des compétences* (Éditions d'Organisation, 2006), « la compétence collective est une résultante. Elle émerge à partir de la coopération et de la synergie existant entre les compétences individuelles ». Guy Le Boterf indique comment « repérer la compétence collective à partir de caractéristiques de fonctionnement d'une unité ou d'un groupe ».

Se poser la question de la compétence collective lorsque l'on explore les besoins de formation, c'est rechercher quels sont les signes de carence de compétences collectives, et se demander quelles actions pourraient contribuer à les renforcer :

- actions visant à développer la capacité des individus à travailler en équipe et en réseau, à coopérer entre eux ;
- actions de nature à créer des savoir-faire collectifs, qui seront supérieurs à la somme des savoir-faire individuels ;
- actions participant à la capitalisation des savoirs.

Droit individuel à la formation (DIF)

Le droit individuel à la formation est un moyen d'accès à la formation pour le salarié, à son initiative et avec l'accord de l'employeur (code du travail, art. L6323-9).

Le DIF ne se confond pas avec le plan, qui relève de l'initiative de l'employeur. Les conditions de mise en œuvre du DIF font l'objet d'une consultation annuelle du comité d'entreprise (code du travail, art. L2323-37).

Les dépenses afférentes au départ du salarié en formation au titre du DIF sont financées par l'employeur. Elles peuvent éventuellement faire l'objet d'un financement au titre des fonds mutualisés de la formation professionnelle (reversement OPCA).

e-learning

Définition issue du glossaire Educnet, http://www.educnet.education.fr/superieur/glossaire/

Terme anglophone pour « e-formation ». Utilisation des nouvelles technologies multimédias et de l'Internet, pour améliorer la qualité de l'apprentissage en facilitant l'accès à des ressources et des services, ainsi que les échanges et la collaboration à distance (Commission européenne, 2000).

L'« e-learning » définit tout dispositif de formation qui utilise un réseau local, étendu, ou l'Internet pour diffuser, interagir ou communiquer, ce qui inclut l'enseignement à distance, en environnement distribué, l'accès à des sources par téléchargement ou en consultation sur Internet.

Il peut faire intervenir du synchrone ou de l'asynchrone, des systèmes tutorés, des systèmes à base d'autoformation, ou une combinaison des éléments évoqués.

L'e-learning résulte donc de l'association de contenus interactifs et multimédias, de supports de distribution (PC, Internet, intranet, extranet), d'un ensemble d'outils logiciels qui permettent la gestion d'une formation en ligne et d'outils de création de formations interactives. L'accès aux ressources est ainsi considérablement élargi, de même que les possibilités de collaboration et d'interactivité.

Les conditions d'imputabilité des formations en e-learning, ainsi que de toute formation ouverte et à distance, ont été définies par la circulaire DGEFP n° 2001-22 du 20 juillet 2001 relative aux formations ouvertes et/ou à distance : http://www.travail.gouv.fr/publications/picts/bo/05092001/A0160004.htm

Emplois sensibles

Nous empruntons ici la définition donnée par Annick Cohen et Annette Soulier, dans leur ouvrage *Manager par les compétences* (Éditions Liaisons, 2004).

Annick Cohen et Annette Soulier identifient six catégories d'emplois sensibles :

- emplois dont le contenu doit évoluer au point d'exiger des titulaires un autre profil professionnel à terme ;
- emplois dont les effectifs seront réduits au-delà du mouvement des départs naturels ;

- emplois clés pour le développement des activités, dont les titulaires sont actuellement en nombre insuffisant ;
- emplois à contenu pauvre, n'offrant pas de perspective d'enrichissement professionnel à leurs titulaires ;
- emplois comportant des tâches qui seront percutées du fait de l'évolution du contenu d'autres emplois ;
- emplois à caractéristique de pénibilité élevée, dont les effectifs ne peuvent pas être sensiblement réduits et qui provoquent avec le temps un pourcentage significatif de cas d'inaptitude.

Entretien professionnel

L'entretien professionnel a pour objet de « permettre au salarié d'être acteur dans son évolution professionnelle » (Accord national interprofessionnel du 5 décembre 2003, livre 1).

L'ANI de décembre 2003 instituait une périodicité d'« au moins tous les deux ans » pour l'entretien professionnel.

Ses dispositions, si elles n'ont pas été reprises en l'espèce par la loi du 4 mai 2004, l'ont été par avenant à l'ANI de décembre 2003, signé en septembre 2005.

De nombreux accords de branche, avant même l'avenant signé en septembre 2005, ont affirmé le caractère obligatoire de l'entretien professionnel.

L'avenant de septembre 2005 précise la finalité et les points clés de cet entretien.

La finalité de l'entretien professionnel est de permettre à chaque salarié d'élaborer son projet professionnel à partir de ses souhaits d'évolution dans l'entreprise, de ses aptitudes et compte tenu des besoins de l'entreprise.

L'entretien professionnel a lieu soit à l'initiative de l'employeur ou de son représentant, soit à l'initiative du salarié et, si l'employeur le souhaite, avec un concours technique extérieur.

Points abordés au cours de l'entretien :

• moyens d'accès à l'information sur les dispositifs relatifs à l'orientation et à la formation des salariés tout au long de leur vie professionnelle ;

• identification des objectifs de professionnalisation qui pourraient être définis au bénéfice du salarié pour lui permettre de s'adapter à l'évolution de son poste de travail, de renforcer sa qualification ou de développer ses compétences ;

• identification du ou des dispositifs de formation auxquels il pourrait être fait appel en fonction des objectifs retenus ;

• initiatives du salarié pour l'utilisation de son DIF ;

• conditions de réalisation de la formation, notamment au regard du temps de travail et, dans ce cas, engagements réciproques.

Les propositions d'actions de formation qui seraient faites au salarié, lors ou à l'issue de cet entretien professionnel, peuvent, à son initiative, être portées dans une annexe séparée à son passeport formation.

Évaluation des actions de formation

Depuis les travaux de Kirkpatrick, il est devenu courant de distinguer différents niveaux de l'évaluation, selon la finalité qu'on lui assigne. Jack J. Phillips, en particulier dans son ouvrage *Return on Investment in Training and Performance Improvement Programs* (Éditions Butterworth Heinemann, 2003), a complété les niveaux de l'évaluation et surtout en a décrit l'outillage et les conditions de mise en œuvre. Il distingue ainsi cinq niveaux d'évaluation :

1. L'évaluation de satisfaction (dite « évaluation à chaud »)

Finalité : obtenir des indications sur l'adéquation de la formation aux besoins des participants, sur la qualité de la prestation, sur les projections que font les participants d'un possible transfert en situation des acquis de formation.

Intérêt : indispensable pour piloter la qualité des prestations, internes et externes, vérifier l'adéquation du cahier des charges, la pertinence de la conception, la qualité de la prestation...

Point de vigilance : souvent inutile car purement formelle. Ne sert à rien si elle n'est pas exploitée statistiquement, suivie dans le temps, et assortie d'actions correctives correctement pilotées.

2. L'évaluation des acquis de la formation

Finalité : mesurer les connaissances, les savoir-faire et les savoirs comportementaux acquis grâce à la formation.

Intérêt : surtout dans les formations techniques, métier, liées à des processus d'habilitation.

Points de vigilance : n'est pas neutre dans le processus pédagogique. Ramène la formation professionnelle à un modèle « scolaire » si elle devient systématique et ne procède pas d'un choix cohérent avec les objectifs pédagogiques et opérationnels de l'action.

3. L'évaluation du transfert des acquis de formation en situation (dite « évaluation à froid »)

Finalité : mesurer le degré de mise en œuvre des acquis de formation.

Intérêt : majeur, car sa mise en œuvre implique les managers et l'existence d'un suivi dans le temps. Elle sera en elle-même un facteur d'augmentation de l'efficacité de la formation.

Points de vigilance : pas de mesure possible des transferts d'acquis si des objectifs opérationnels n'ont pas été définis en amont, en impliquant le manager concerné. Ce sont ces objectifs qui nous disent « ce que l'on veut voir » sur le terrain après la formation.

Ne pas confondre transfert et impact (suivant) : le participant peut mettre en œuvre les acquis sans que cela ait d'impact sur les indicateurs de performance. Cela signifie simplement que le problème était ailleurs...

© Groupe Eyrolles

4. L'évaluation de l'impact de la formation

Les vendeurs ont bien respecté les étapes de la vente, mais cela a-t-il eu un impact quelconque sur le chiffre d'affaires, la fidélisation des clients…? Mesurer l'impact est difficile, car cela implique beaucoup de rigueur pour isoler les différents paramètres influant sur les indicateurs suivis et pour chiffrer les effets liés à la formation. **Il existe pour cela des techniques, mais l'effort demandé par leur mise en œuvre légitime que la mesure d'impact ne concerne que 10 % des actions de formation (d'après J. J. Phillips): celles dont les enjeux le justifient…**

5. L'évaluation du retour sur investissement formation. Une fois l'impact mesuré, on calcule un ratio permettant de rapporter la contribution nette de la formation aux coûts de la formation, ce qui implique là encore une grande rigueur dans la prise en compte de tous les coûts.

Ces travaux sont aujourd'hui particulièrement d'actualité. Jamais la demande de retour sur investissement formation n'a été aussi forte. Encore faut-il savoir de quoi on parle et respecter une rigueur méthodologique, qui seule permettra à la fonction formation de trouver toute sa crédibilité sur ce terrain.

Financement du plan de formation

Les entreprises de moins de dix salariés ont l'obligation de contribuer à l'effort de formation pour un montant au moins égal à 0,55 % de leur masse salariale brute. Cette obligation se concrétise par le versement de la somme correspondante à l'OPCA dont l'entreprise est adhérente. Avec les sommes ainsi mutualisées, l'OPCA finance les actions de formation, les bilans de compétences et les VAE pour les salariés des entreprises adhérentes.

Les entreprises dont l'effectif est compris entre dix et vingt salariés versent 1,05 % de leur masse salariale à l'OPCA.

Les entreprises de plus de vingt salariés ont l'obligation de contribuer à l'effort de formation pour un montant au moins égal à 1,6 %

de leur masse salariale brute. Une partie de cette contribution est obligatoirement mutualisée : 0,2 % pour financer le congé individuel de formation, 0,5 % pour financer la professionnalisation et le DIF prioritaire. Le solde, 0,9 %, peut être versé à l'OPCA (c'est alors l'OPCA qui prendra en charge le financement des actions de formation) ou conservé en gestion directe par l'entreprise.

Avec ce « solde », l'entreprise finance les dépenses imputables sur la contribution formation, comprenant bien sûr les dépenses afférentes au plan de formation.

Formation hors temps de travail

En principe, le temps de formation est du temps de travail.

Deux exceptions, cependant :

- les actions inscrites au plan de formation dans la catégorie « Développement des compétences » peuvent se réaliser, en tout ou partie, en dehors du temps de travail, avec un maximum de 80 heures hors temps de travail par an et par personne, ou de 5 % du forfait (code du travail, art. L6321-6). Pour que cela soit possible, l'accord écrit du salarié est expressément requis (code du travail, art. R6321-4), et l'entreprise doit prendre des engagements par écrit vis-à-vis du salarié (code du travail, art. L6321-8) ;

- le DIF, sauf accord de branche ou d'entreprise aménageant d'autres possibilités, est en principe effectué hors temps de travail (code du travail, art. L6323-11).

Gestion prévisionnelle de l'emploi et des compétences (GPEC)

« La gestion prévisionnelle des emplois et des compétences est une gestion anticipative et préventive des ressources humaines, fonction des contraintes de l'environnement et des choix stratégiques de l'entreprise » (Agence nationale pour l'amélioration des conditions de travail).

Imputabilité des dépenses de formation

Une dépense est dite «imputable» si elle peut être déduite de la contribution obligatoire des entreprises à la formation professionnelle continue.

L'imputabilité d'une dépense à ce titre se vérifie en appliquant une démarche en quatre étapes :

1. Vérifier que l'action se trouve dans le champ de la formation professionnelle continue. Certaines actions sont, selon l'administration, hors champ de la formation professionnelle. Il s'agit :

- de l'apprentissage ;

- des formations à la sécurité relevant des articles L4121-1 *et sq.* Sont toutefois imputables les actions qui permettent l'obtention d'un permis, certificats habilitations (SST, CACES, permis de conduire d'aéronef, navires et véhicules terrestres à moteur) ;

- des formations des membres des institutions représentatives du personnel, au sens des articles L2145-1 *et sq.*, et L3142-7 *et sq.*, sauf dans la limite de 0,008 % de la masse salariale ;

- de la formation des conseillers prud'homaux au sens des articles 1442-1 *et sq.* ;

- des formations sportives ;

- des formations politiques, religieuses, à objectif thérapeutique et de façon générale des actions ayant pour objet la transformation et le développement de l'être humain ;

- des formations ayant pour objet le dépassement de soi car en contradiction avec le droit de retrait prévu à l'article L4131-1 du code du travail, en cas de danger grave et imminent risquant de porter atteinte à l'intégrité physique ou mentale du salarié.

2. Vérifier le bien-fondé de l'action au sens des articles L6313-1 *et sq.*

3. Vérifier la réalité de l'action au sens de l'article D6321.

4. Si la formation est externe, conclure une convention de formation avec un organisme de formation déclaré au sens des articles L6351-1 *et sq.*

Des précisions importantes relatives à l'imputabilité des formations ont été apportées par la circulaire DGEFP du 14 novembre 2006 :

http://www.minefe.gouv.fr/directions_services/dgefp/formation_professionnelle/vue_ensemble/_img/_pdf/CIRC_2006_35.pdf

Observatoire des métiers

L'Accord national interprofessionnel de décembre 2003 demande à chaque branche professionnelle de mettre en place un observatoire prospectif des métiers et des qualifications.

Cet observatoire a pour vocation d'effectuer des analyses prospectives, qualitatives et quantitatives, de l'évolution de l'emploi dans la branche professionnelle dont il relève.

OPCA (Organisme paritaire collecteur agréé)

Un OPCA est une association loi 1901 créée par accord entre partenaires sociaux (groupements d'employeurs et organisations syndicales de salariés représentatives) afin de mutualiser les fonds de la formation continue et de les redistribuer, en fonction des priorités assignées par son conseil d'administration.

C'est la convention collective applicable à l'entreprise qui détermine l'OPCA auquel elle doit adhérer, ainsi que le montant de son obligation de versement à l'OPCA.

Orientations formation

Les orientations formation traduisent la politique formation de l'entreprise.

Elles prennent en compte les perspectives économiques de l'entreprise, les évolutions prévisionnelles en matière d'emploi, l'introduction de nouvelles technologies.

Si un changement important intervient en cours d'année dans ces domaines, amenant à modifier les orientations formation, le comité d'entreprise doit de nouveau être consulté.

Le comité d'entreprise est consulté chaque année sur les orientations formation (code du travail, art. L2323-33). Le projet de plan de formation sur lequel est consulté le comité d'entreprise en fin d'année doit tenir compte de ces orientations formation (code du travail, art. L2323-35).

Passeport formation

L'Accord national interprofessionnel du 5 décembre 2003 crée le passeport formation.

« Afin de **favoriser sa mobilité interne ou externe**, chaque salarié doit être en mesure d'identifier et de faire certifier ses connaissances, ses compétences et ses aptitudes professionnelles, acquises soit par la formation initiale ou continue, soit du fait de ses expériences professionnelles.

Dans cette perspective, les parties signataires du présent accord souhaitent que chaque salarié puisse, à son initiative, établir son "**passeport formation**" qui reste sa propriété et dont il garde la responsabilité d'utilisation. »

Ce « passeport formation » recense notamment :

- les diplômes et les titres obtenus au cours du cursus de formation initiale ;
- les expériences professionnelles acquises lors des périodes de stage ou de formation en entreprise ;
- les certifications à finalité professionnelle délivrées sous forme de diplôme, de titre ou de certificat de qualification, obtenus dans le cadre de la formation continue ou de la validation des acquis de l'expérience ;

- la nature et la durée des actions de formation suivies au titre de la formation professionnelle continue.

L'avenant du 20 juillet 2005 a apporté les précisions suivantes :

- ce passeport formation est un document personnel contenant des déclarations rédigées par son titulaire ;

- dans les rubriques du passeport sont ajoutés :

  - les formations suivies en période d'inactivité professionnelle,

  - les activités tutorales exercées,

  - le ou les emplois tenus dans une même entreprise, dans le cadre d'un contrat de travail, et les connaissances, les compétences et les aptitudes professionnelles mises en œuvre dans le cadre de ces emplois,

  - dans une annexe, les décisions en matière de formation qui ont été prises lors ou à l'issue des entretiens professionnels dont le salarié aurait bénéficié.

Concrètement, l'employeur a l'obligation de mettre à disposition du salarié les informations nécessaires à l'élaboration de son passeport. Certaines entreprises vont plus loin et fournissent à leur salarié un support (papier ou informatique) à compléter.

Plan de formation

Le plan de formation rassemble les actions de formation qui ont pour origine l'initiative de l'employeur (code du travail, art. L6321-1).

Au titre du plan, l'employeur a l'obligation d'assurer l'adaptation des salariés aux exigences de leur poste de travail.

Il veille au maintien de leur capacité à occuper un emploi. L'article L1233-4 du code du travail précise également que « le licenciement pour motif économique d'un salarié ne peut intervenir que lorsque tous les efforts de formation et d'adaptation ont été réalisés ». L'employeur peut proposer des formations qui participent au développement des compétences, ainsi qu'à la lutte contre l'illettrisme.

Par extension, le plan de formation désigne également le document dans lequel sont présentées l'ensemble des informations soumises à la consultation du comité d'entreprise (code du travail, art. L2323-34 et suivants).

Le terme « plan de formation » est également utilisé pour désigner le budget formation : les sommes que l'entreprise consacre à la formation professionnelle continue, voire les sommes dépensées en dehors des versements mutualisés (0,9 % pour les entreprises de plus de dix salariés).

Ces derniers usages du terme « plan de formation » sont à déconseiller, car ils prêtent à confusion.

Professionnalisation (période de)

La période de professionnalisation est destinée à faciliter l'accès à la formation des salariés en CDI les plus fragiles vis-à-vis de l'emploi. Elle vise l'obtention d'une qualification professionnelle, au moyen d'une formation réalisée en alternance.

Une période de professionnalisation peut être conclue pour une action de formation à l'initiative de l'employeur (action inscrite au plan de formation) ou à l'initiative du salarié (DIF). C'est l'OPCA, en fonction de ses priorités, qui décide de financer ou non la période de professionnalisation.

Validation des acquis de l'expérience (VAE)

« La validation des acquis de l'expérience a pour objet l'acquisition d'un diplôme, d'un titre à finalité professionnelle ou d'un certificat de qualification figurant sur une liste établie par la Commission nationale paritaire de l'emploi d'une branche professionnelle et enregistrés dans le Répertoire national des certifications professionnelles » (code du travail, art. L6411-1).

Les actions de validation des acquis de l'expérience entrent dans le champ de la formation professionnelle.

L'accord interprofessionnel sur l'emploi des seniors signé le 9 mars 2006 stipule que les salariés de plus de 45 ans bénéficient d'un accès prioritaire à la VAE.

La validation prend en compte les compétences issues d'une activité salariée, non salariée ou bénévole, exercée en continue ou non. La personne candidate à une validation des acquis doit justifier d'une expérience minimum de trois ans, hors période de formation initiale ou continue.

L'action de validation des acquis de l'expérience peut être réalisée :

- à l'initiative du salarié dans le cadre du DIF ;
- à l'initiative de l'employeur, avec l'accord du salarié, dans le cadre du plan de formation. Dans ce cas, l'action de VAE fera l'objet d'une convention tripartite, signée par le salarié, l'entreprise et l'organisme intervenant dans le processus de validation des acquis de l'expérience (code du travail, art. R950-13-3). Le refus du salarié de s'engager dans une VAE proposée par l'employeur ne constitue ni une faute ni un motif de licenciement (code du travail, art. L6421-2) ;
- à l'initiative du salarié, dans le cadre du congé VAE. D'une durée maximale de 24 heures (consécutives ou non), ce congé est destiné à permettre au salarié d'instruire son dossier et de se présenter devant le jury. Dans le cas d'un congé VAE, c'est le Fongecif (ou l'Opacif) qui prend en charge tout ou partie des frais de VAE et de la rémunération du salarié.

BIBLIOGRAPHIE

Pour se tenir informé des évolutions du droit à la formation

* Les fiches pratiques de la formation continue, centre INFFO.
* Le site Internet du centre INFFO : http://www.centre-inffo.fr/
* Mathilde Bourdat, Alain Bournazel, *Le Vade-mecum de la forma-tion professionnelle*, Éditions SEFI (nouvelle édition prévue en 2009).
* Le blog de Mathilde Bourdat :
  http://www.formation-professionnelle.fr

Pour manager la formation dans l'entreprise

* Philippe Bernier, *Fonction responsable formation*, Dunod, 2007.
* Philippe Bernier, *Le Financement de la formation professionnelle*, Dunod, 2007.
* Ali El Makki, Philippe Joffre, Philippe Ouillon, Monique Vaillant, *Optimiser ses achats de formation*, Dunod, 2005.
* Alain Meignant, *Manager la formation*, Éditions Liaisons, 2006.

Pour aider les salariés à construire leur projet de formation

* Mathilde Bourdat, *Construisez votre projet personnel de forma-tion*, Éditions Arnaud Franel, 2008.
* Vous trouverez beaucoup d'informations, pour les étudiants et les adultes, sur le site de Studyrama : http://www.studyrama.com

INDEX

Dépôt légal : Novembre 2009